매일매일 공부하는 습관이 중요합니다.
학습 계획을 세우고, 한자의 훈과 음을 말해 보며 실력을 확인해 보세요.

날짜		한자	학습 계획일		확인		날짜		한자	학습 계획일		확인	
1주	1일	日	월	일	훈	음	6주	1일	父	월	일	훈	음
	2일	月	월	일	훈	음		2일	母	월	일	훈	음
	3일	山	월	일	훈	음		3일	兄	월	일	훈	음
	4일	水	월	일	훈	음		4일	弟	월	일	훈	음
	5일	火	월	일	훈	음		5일	外	월	일	훈	음
2주	1일	一	월	일	훈	음	7주	1일	木	월	일	훈	음
	2일	二	월	일	훈	음		2일	金	월	일	훈	음
	3일	三	월	일	훈	음		3일	土	월	일	훈	음
	4일	四	월	일	훈	음		4일	靑	월	일	훈	음
	5일	五	월	일	훈	음		5일	白	월	일	훈	음
3주	1일	人	월	일	훈	음	8주	1일	長	월	일	훈	음
	2일	大	월	일	훈	음		2일	寸	월	일	훈	음
	3일	小	월	일	훈	음		3일	先	월	일	훈	음
	4일	女	월	일	훈	음		4일	生	월	일	훈	음
	5일	王	월	일	훈	음		5일	民	월	일	훈	음
4주	1일	六	월	일	훈	음	9주	1일	萬	월	일	훈	음
	2일	七	월	일	훈	음		2일	年	월	일	훈	음
	3일	八	월	일	훈	음		3일	韓	월	일	훈	음
	4일	九	월	일	훈	음		4일	國	월	일	훈	음
	5일	十	월	일	훈	음		5일	軍	월	일	훈	음
5주	1일	東	월	일	훈	음	10주	1일	學	월	일	훈	음
	2일	西	월	일	훈	음		2일	校	월	일	훈	음
	3일	南	월	일	훈	음		3일	門	월	일	훈	음
	4일	北	월	일	훈	음		4일	教	월	일	훈	음
	5일	中	월	일	훈	음		5일	室	월	일	훈	음

한자로 완성하는 _____의 만리장성

↑ 이름을 쓰세요.

시작!

1주 1일

1주 2일

4주 5일

4주 3일

4주 1일

4주 4일

4주 2일

5주 1일

5주 2일

5주 3일

5주 4일

6주 4일

6주 5일

7주 1일

5주 5일

6주 1일

9주 3일

9주 2일

6주 2일

6주 3일

9주 4일

9주 5일

10주 1일

1-1 8급

하루한장 한자

 日
 月
 山
 水
 火
 一
 二

 七
 八
 九
 十
 東
 西
 南
 北

 靑
 白
 長
 寸
 先
 生
 民
 萬

하루 한장 한자 한눈에 보기

1-1 (8급)

주					
1주	日 일	月 월	山 산	水 수	火 화
2주	一 일	二 이	三 삼	四 사	五 오
3주	人 인	大 대	小 소	女 녀	王 왕
4주	六 륙	七 칠	八 팔	九 구	十 십
5주	東 동	西 서	南 남	北 북	中 중
6주	父 부	母 모	兄 형	弟 제	外 외
7주	木 목	金 금	土 토	靑 청	白 백
8주	長 장	寸 촌	先 선	生 생	民 민
9주	萬 만	年 년	韓 한	國 국	軍 군
10주	學 학	校 교	門 문	敎 교	室 실

1-2 (7급Ⅱ)

주					
1주	手 수	足 족	自 자	力 력	子 자
2주	上 상	下 하	左 좌	右 우	內 내
3주	男 남	孝 효	安 안	家 가	道 도
4주	工 공	車 거	立 립	平 평	不 불
5주	江 강	海 해	姓 성	名 명	動 동
6주	前 전	後 후	時 시	空 공	間 간
7주	市 시	午 오	直 직	話 화	記 기
8주	正 정	世 세	全 전	方 방	活 활
9주	電 전	氣 기	食 식	事 사	物 물
10주	答 답	每 매	農 농	場 장	漢 한

2-1 (7급)

주					
1주	口 구	面 면	心 심	川 천	夕 석
2주	天 천	地 지	然 연	花 화	草 초
3주	出 출	入 입	文 문	字 자	語 어
4주	春 춘	夏 하	秋 추	冬 동	色 색
5주	老 로	少 소	主 주	夫 부	祖 조
6주	百 백	千 천	數 수	算 산	同 동
7주	問 문	休 휴	林 림	植 식	村 촌
8주	住 주	所 소	邑 읍	里 리	洞 동
9주	有 유	來 래	育 육	登 등	重 중
10주	便 편	紙 지	命 명	歌 가	旗 기

2-2 (6급Ⅱ)

주					
1주	身 신	體 체	始 시	作 작	果 과
2주	淸 청	風 풍	光 광	明 명	堂 당
3주	利 리	用 용	注 주	意 의	勇 용
4주	昨 작	今 금	反 반	省 성	消 소
5주	部 부	分 분	高 고	等 등	線 선
6주	音 음	樂 락	發 발	表 표	弱 약
7주	幸 행	運 운	神 신	童 동	放 방
8주	現 현	代 대	各 각	班 반	急 급
9주	公 공	共 공	集 집	計 계	雪 설
10주	會 회	社 사	半 반	球 구	理 리

3-1 (6급Ⅱ + 6급)

주					
1주	業 업	界 계	成 성	功 공	才 재
2주	新 신	聞 문	讀 독	書 서	庭 정
3주	圖 도	形 형	戰 전	術 술	題 제
4주	對 대	角 각	短 단	信 신	窓 창
5주	飮 음	藥 약	科 과	第 제	和 화
6주	太 태	陽 양	石 석	油 유	強 강
7주	言 언	行 행	失 실	禮 례	習 습
8주	區 구	別 별	合 합	席 석	多 다
9주	交 교	感 감	親 친	近 근	愛 애
10주	衣 의	服 복	根 근	本 본	由 유

3-2 (6급)

주					
1주	晝 주	夜 야	永 영	遠 원	朝 조
2주	特 특	定 정	苦 고	待 대	向 향
3주	通 통	路 로	開 개	園 원	郡 군
4주	勝 승	者 자	頭 두	目 목	使 사
5주	溫 온	度 도	米 미	美 미	畫 화
6주	在 재	野 야	李 리	朴 박	京 경
7주	綠 록	黃 황	洋 양	樹 수	銀 은
8주	病 병	死 사	例 례	式 식	孫 손
9주	番 번	號 호	古 고	速 속	族 족
10주	級 급	訓 훈	章 장	英 영	醫 의

4-1 5급Ⅱ   4-2 5급Ⅱ+5급   5-1 5급+4급Ⅱ   5-2 4급Ⅱ   6-1 4급Ⅱ   6-2 4급Ⅱ

1 오늘 배울 한자

- 어제 배운 한자의 훈과 음을 써 보며 한 번 더 복습해 주세요.
- 오늘 배울 한자는 그림을 보며 한자 모양과 뜻을 연상할 수 있도록 설명해 주세요.

2 한자 익히기

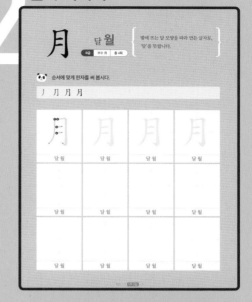

- 설명을 읽고, 한자의 뜻을 쉽게 이해할 수 있도록 해 주세요.
- 훈과 음을 소리 내어 읽으며 한자를 필순에 맞게 쓸 수 있도록 해 주세요.

3 교과서 어휘 및 급수 시험 유형 문제

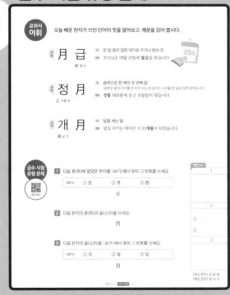

- 교과서에 나오는 한자 어휘의 뜻을 알고, 예문을 통해 쉽게 익힐 수 있도록 해 주세요.
- 한자능력검정시험 유형 문제를 풀며 급수 시험을 대비할 수 있도록 해 주세요.

4 교과 학습 연계 및 활동

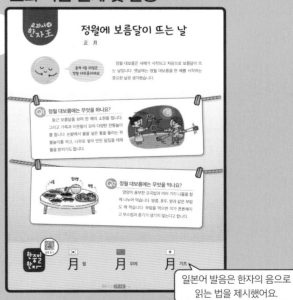

- 한자와 관련된 교과 내용의 재미있는 이야기나 활동으로 학습의 재미를 더해 주세요.
- 한국, 중국, 일본의 한자를 비교해 보고, QR 코드를 통해 발음을 들려주세요.

하루 한장 한자 1-1 8급

급수 시험 유형 문제 & 교과서通 한자王 정답

하루 한 장 학습지 안에 수록된
QR 코드를 통해서도
정답을 확인할 수 있습니다.

1주 1일   1 일   2 ①   3 날 일

1주 2일   1 ②   2 달 월   3 ②

1주 3일   1 ③   2 ①   3 메 산

1주 4일   1 ③   2 물 수   3 ②

1주 5일   1 화   2 ②   3 ④
[한자王]   ①, ③, ④

2주 1일   1 일   2 ①   3 한 일

2주 2일   1 ③   2 ①   3 두 이
[한자王]   4(개)

2주 3일   1 ②   2 ②   3 석 삼

2주 4일   1 사   2 넉 사   3 ③

2주 5일   1 ②   2 다섯 오   3 ②

3주 1일   1 인   2 ③   3 사람 인

3주 2일   1 ③   2 ①   3 큰 대
[한자王]   ① ○, ② ×, ③ ×, ④ ○, ⑤ ×

3주 3일   1 ①   2 ③   3 작을 소

3주 4일   1 녀   2 여자 녀   3 ②

3주 5일   1 임금 왕   2 ②   3 ④
[한자王]   Q1 까마귀, Q2 사자, Q3 핀,
Q4 무지개, Q5 삐약

4주 1일   1 육   2 ②   3 ③

4주 2일   1 ①   2 ③   3 일곱 칠

4주 3일   1 ①   2 ③   3 여덟 팔

4주 4일   1 구   2 아홉 구   3 ③
[한자王]   ④

4주 5일   1 ②   2 ①   3 열 십

5주 1일	1 동	2 ③	3 동녘 동
5주 2일	1 ①	2 ③	3 서녘 서
5주 3일	1 ①	2 ②	3 남녘 남
5주 4일	1 북	2 북녘 북	3 ①
5주 5일	1 중	2 ③	3 ③

6주 1일	1 부	2 ②	3 아비 부
6주 2일	1 ③	2 ②	3 어미 모
6주 3일	1 ①	2 ③	3 형 형
6주 4일 [한자王]	1 제 ①-ⓛ, ②-⊙, ③-©	2 ②	3 ③
6주 5일 [한자王]	1 바깥 외 ②	2 ①	3 ③

7주 1일	1 목	2 ②	3 나무 목
7주 2일 [한자王]	1 금 ①, ②, ⑤	2 ①	3 ②
7주 3일	1 ①	2 ②	3 흙 토
7주 4일	1 청	2 푸를 청	3 ③
7주 5일 [한자王]	1 ③	2 흰 백	3 ①

8주 1일	1 장	2 ②	3 긴 장
8주 2일	1 ②	2 ③	3 마디 촌
8주 3일	1 선	2 ③	3 ②
8주 4일	1 생	2 날 생	3 ①
8주 5일 [한자王]	1 ② ①-ⓛ, ②-⊙, ③-©, ④-©	2 ①	3 ④

9주 1일	1 만	2 일만 만	3 ③
9주 2일 [한자王]	1 ① ①, ④, ⑨	2 ③	3 해 년
9주 3일	1 한	2	3 나라 한
9주 4일 [한자王]	1 국 ①-②, ②-ⓛ, ③-⊙, ④-©, ⑤-©	2 나라 국	3 ②
9주 5일	1 군사 군	2 ③	3 ④

10주 1일	1 학	2 ③	3 배울 학
10주 2일	1 ①	2 학교 교	3 ②
10주 3일 [한자王]	1 ② 門	2 문 문	3 ③
10주 4일 [한자王]	1 교	2 가르칠 교	3 ③

10주 5일 [한자王]	1 ② 화장실, 거실, 침실	2 ①	3 ②

제1회 한자능력검정시험 8급 정답

1 국	2 군	3 십	4 월	5 일	6 일	7 부	8 모
9 형	10 인	11 ④	12 ⑤	13 ⑨	14 ⑦	15 ⑩	16 ⑥
17 ⑧	18 ③	19 ②	20 ①	21 ①	22 ⑩	23 ②	24 ⑧
25 ⑦	26 ⑤	27 ④	28 ③	29 ⑨	30 ⑥	31 푸를 청	32 가르칠 교
33 아홉 구	34 일만 만	35 메 산	36 북녘 북	37 석 삼	38 넉 사	39 흰 백	40 마디 촌
41 ④	42 ②	43 ①	44 ③	45 ③	46 ②	47 ①	48 ④
49 ②	50 ⑨						

제2회 한자능력검정시험 8급 정답

1 남	2 북	3 한	4 형	5 제	6 금	7 일	8 삼
9 촌	10 생	11 ①	12 ⑩	13 ②	14 ⑦	15 ③	16 ⑧
17 ④	18 ⑤	19 ⑥	20 ⑨	21 ⑦	22 ④	23 ⑧	24 ⑩
25 ⑤	26 ⑥	27 ⑨	28 ③	29 ①	30 ②	31 집 실	32 다섯 오
33 서녘 서	34 나라 국	35 여덟 팔	36 사람 인	37 먼저 선	38 배울 학	39 일곱 칠	40 큰 대
41 ④	42 ③	43 ①	44 ②	45 ①	46 ③	47 ④	48 ②
49 ③	50 ⑧						

본 교재는 사단법인 한국어문회의 한자 기준으로 만들었습니다.
한자능력검정시험 일정 및 접수 방법과 관련된 내용은 한국어문회(https://www.hanja.re.kr)를 참고하기 바랍니다.

8급	漢字 學習 동기 부여를 위한 급수(상용한자 50자) [1-1]
7급Ⅱ	기초 常用漢字 활용의 초급 단계(상용한자 100자) [1-2]
7급	기초 常用漢字 활용의 초급 단계(상용한자 150자) [2-1]
6급Ⅱ	기초 常用漢字 활용의 중급 단계(상용한자 225자, 쓰기 50자) [2-2, 3-1]
6급	기초 常用漢字 활용의 고급 단계(상용한자 300자, 쓰기 150자) [3-1, 3-2]
5급Ⅱ	중급 常用漢字 활용의 초급 단계(상용한자 400자, 쓰기 225자) [4-1, 4-2]
5급	중급 常用漢字 활용의 초급 단계(상용한자 500자, 쓰기 300자) [4-2, 5-1]
4급Ⅱ	중급 常用漢字 활용의 중급 단계(상용한자 750자, 쓰기 400자) [5-1, 5-2, 6-1, 6-2]

*하루 한 장 한자 4급Ⅱ(750자)까지 학습하면 초등 교육 과정과 서울특별시 교육청 초등 한자 600자를 모두 익힐 수 있습니다.

*상위 급수 한자는 하위 급수 한자를 모두 포함하고 있습니다.

*쓰기 배정 한자는 한두 급수 아래의 읽기 배정 한자이거나 해당 급수 범위 내에 있습니다.

🐼 오늘 배울 한자를 만나 봅시다.

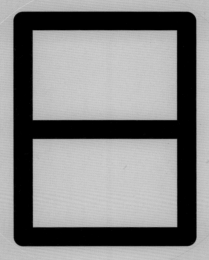

日 **날**을 뜻하고
   일이라고 읽어요.

日 날 일

日

날 일

| 8급 | 부수 日 | 총 4획 |

둥근 해 모양을 따라 만든 글자로, '해'를 뜻합니다. 해가 뜨고 지면 하루가 지나기 때문에 '날'을 뜻하기도 합니다.

 **순서에 맞게 한자를 써 봅시다.**

| 丨 | 冂 | 日 | 日 |

날 일	날 일	날 일	날 일
날 일	날 일	날 일	날 일
날 일	날 일	날 일	날 일

교과서 어휘

오늘 배운 한자가 쓰인 단어의 뜻을 알아보고, 예문을 읽어 봅시다.

 국어 **생 日**

生 날 생

> 뜻 세상에 태어난 날. 태어난 날을 기념하는 날.
> 예문 누나는 **생일** 선물로 강아지 인형을 받았습니다.

국어 **요 日**

曜 빛날 요

> 뜻 일주일의 각 날.
> 일요일, 월요일, 화요일, 수요일, 목요일, 금요일, 토요일
> 예문 그림일기를 쓸 때는 먼저 날짜와 **요일**, 날씨를 씁니다.

여름 **기 념 日**

紀 벼리 기   念 생각 념

> 뜻 어떠한 일을 기억하기 위해 정한 날.
> 예문 우리 부모님의 결혼**기념일**은 3월 23일입니다.

 **급수 시험 유형 문제**

정답 확인

1 다음 글의 ( ) 안에 있는 한자의 독음(읽는 소리)을 쓰세요.

친구의 생(日) 잔치에 초대받았습니다.

2 다음 밑줄 친 말에 해당하는 한자를 〈보기〉에서 찾아 그 번호를 쓰세요.

〈보기〉   ① 日   ② 月   ③ 白

아침 해가 동쪽에서 떠올랐습니다.

3 다음 한자의 훈(뜻)과 음(소리)을 쓰세요.

日

정답 쓰기

1

2

3

훈 ----------

음 ----------

[예습 한자] 月 달 월
白 흰 백

해의 모양을 닮은 '日'

일

한자는 어떻게 만들어졌을까요?

한자를 처음 만들 때는 눈으로 볼 수 있는 물건의 모양을 그대로 따라 만들었습니다. 이 방법으로 만들어진 한자는 물건의 모양을 떠올리면 쉽게 기억할 수 있습니다.

해의 모양을 따라 만든 日(날 일)

산의 모양을 따라 만든 山(메 산)

나무의 모양을 따라 만든 木(나무 목)

 발음 듣기

 日 일

 日 르

 日 니치

오늘 배울 한자를 만나 봅시다.

月 달을 뜻하고
월이라고 읽어요.

月 달 월

月

달 월

| 8급 | 부수 月 | 총 4획 |

밤에 뜨는 달 모양을 따라 만든 글자로, '달'을 뜻합니다.

순서에 맞게 한자를 써 봅시다.

丿 冂 月 月

月	月	月	月
달 월	달 월	달 월	달 월
달 월	달 월	달 월	달 월
달 월	달 월	달 월	달 월

오늘 배운 한자가 쓰인 단어의 뜻을 알아보고, 예문을 읽어 봅시다.

給 줄 급

뜻 한 달 동안 일한 대가로 주거나 받는 돈.
예문 부모님은 매월 25일에 **월급**을 받습니다.

正 바를 정

뜻 음력으로 한 해의 첫 번째 달.
'음력'은 달이 지구를 한 바퀴 도는 데 걸리는 시간을 한 달로 정한 달력입니다.
예문 **정월** 대보름에 둥근 보름달이 떴습니다.

個 낱 개

뜻 달을 세는 말.
예문 옆집 아기는 태어난 지 10**개월**이 되었습니다.

급수 시험
유형 문제

정답 확인

1 다음 훈(뜻)에 알맞은 한자를 〈보기〉에서 찾아 그 번호를 쓰세요.

〈보기〉   ① 日   ② 月   ③ 四

달

2 다음 한자의 훈(뜻)과 음(소리)을 쓰세요.

月

3 다음 한자의 음(소리)을 〈보기〉에서 찾아 그 번호를 쓰세요.

〈보기〉   ① 일   ② 월   ③ 달

月

정답 쓰기

1

2
훈
음

3

[복습 한자] 日 날 일
[예습 한자] 四 넉 사

정월에 보름달이 뜨는 날

正 月

음력 1월 15일은 정월 대보름이에요.

정월 대보름은 새해가 시작되고 처음으로 보름달이 뜨는 날입니다. 옛날에는 정월 대보름을 한 해를 시작하는 중요한 날로 생각했습니다.

Q1 정월 대보름에는 무엇을 하나요?

둥근 보름달을 보며 한 해의 소원을 빕니다. 그리고 가족과 이웃들이 모여 다양한 전통놀이를 합니다. 논밭에서 불을 넣은 통을 돌리는 쥐불놀이를 하고, 나무로 쌓아 만든 달집을 태워 불을 밝히기도 합니다.

나물 / 잡곡밥 / 부럼

Q2 정월 대보름에는 무엇을 먹나요?

영양이 풍부한 오곡밥과 여러 가지 나물을 함께 나누어 먹습니다. 땅콩, 호두, 밤과 같은 부럼도 깨 먹습니다. 부럼을 먹으면 이가 튼튼해지고 부스럼과 종기가 생기지 않는다고 합니다.

발음 듣기

 月 월

 月 위에

 月 가츠

🐼 오늘 배울 한자를 만나 봅시다.

산이라고 읽어요.

山 메를 뜻하고

✂ 山 메 산

山

메산

8급 | 부수 山 | 총 3획

> 여러 봉우리가 있는 산 모양을 따라 만든 글자로, '메'를 뜻합니다. '메'는 산을 예스럽게 이르는 말입니다.

🐼 **순서에 맞게 한자를 써 봅시다.**

丨 山 山

메산	메산	메산	메산
메산	메산	메산	메산
메산	메산	메산	메산

오늘 배운 한자가 쓰인 단어의 뜻을 알아보고, 예문을 읽어 봅시다.

국어 | 등 山
登 오를 등

뜻 산에 오르는 일.

예문 토끼는 다람쥐와 함께 **등산**을 갔습니다.

봄 | 남 山
南 남녘 남

뜻 (1) 남쪽에 있는 산. (2) 서울 명동 근처에 있는 산.

예문 서울에 있는 **남산**으로 봄나들이를 다녀왔습니다.

국어 | 백 두 山
白 흰 백   頭 머리 두

뜻 함경도와 만주 사이에 있는 우리나라에서 가장 높은 산.
'함경도'는 북한, '만주'는 중국에 있는 지방 이름입니다.

예문 **백두산** 꼭대기에는 눈이 쌓여 있습니다.

급수 시험 유형 문제

정답 확인

1 다음 밑줄 친 말에 해당하는 한자를 〈보기〉에서 찾아 그 번호를 쓰세요.

〈보기〉   ① 白   ② 土   ③ 山

<u>산</u>에는 아름다운 꽃이 피었습니다.

2 다음 음(소리)에 알맞은 한자를 〈보기〉에서 찾아 그 번호를 쓰세요.

〈보기〉   ① 山   ② 十   ③ 土

산

3 다음 한자의 훈(뜻)과 음(소리)을 쓰세요.

山

정답 쓰기

1

2

3
훈 ....
음 ....

[예습 한자] 土 흙 토
十 열 십

우리나라에서 가장 높은 산

山

1위 백두산 2,744m

우리나라에서 가장 높은 산입니다. 1년 중 8개월 이상 눈에 덮여 있어 '산꼭대기가 하얗다'라는 뜻의 백두산이라고 합니다.

우리나라에는 높고 아름다운 산들이 많이 있어요.

5위 금강산

4위 설악산

서울

3위 지리산 1,915m

전라남도, 전라북도, 경상남도 에 걸쳐 있는 산입니다.

2위 한라산 1,957m

제주도에 있는 산으로, 남한에 서 가장 높습니다.

한중일
한자

발음 듣기

  산

  샨

  산

오늘 배울 한자를 만나 봅시다.

水　물을 뜻하고

수라고 읽어요.

水 물수

水 물수

| 8급 | 부수 水 | 총 4획 |

물 모양을 따라 만든 글자로, '물'을 뜻합니다.

🐼 순서에 맞게 한자를 써 봅시다.

亅 刁 水 水

水 물수	水 물수	水 물수	水 물수
 물수	 물수	 물수	 물수
 물수	 물수	 물수	 물수

오늘 배운 한자가 쓰인 단어의 뜻을 알아보고, 예문을 읽어 봅시다.

여름 **홍水**
洪 넓을 홍

뜻 비가 많이 와서 갑자기 많아진 물.
예문 비가 많이 오면 **홍수**가 나기도 합니다.

국어 **호水**
湖 호수 호

뜻 땅이 둥그렇게 들어가 물이 고여 있는 곳.
예문 산 아래 **호수**가 있었습니다.

수학 **음료水**
飮 마실 음   料 헤아릴 료

뜻 마실 거리.
예문 다섯 명 중 한 명만 **음료수**를 마셨습니다.

 급수 시험 유형 문제

정답 확인

1 다음 훈(뜻)에 알맞은 한자를 〈보기〉에서 찾아 그 번호를 쓰세요.

〈보기〉   ① 人   ② 火   ③ 水

물

2 다음 한자의 훈(뜻)과 음(소리)을 쓰세요.

水

3 다음 한자의 음(소리)을 〈보기〉에서 찾아 그 번호를 쓰세요.

〈보기〉   ① 불   ② 수   ③ 물

水

정답 쓰기

1

2

훈 _____

음 _____

3

[예습 한자] 人 사람 인
火 불 화

소중한 물, 우리의 물

水   水

목이 마를 때,
씻거나 설거지를 할 때
꼭 필요한 것은 무엇일까요?
바로 물이에요.

우리 생활에서 물이 없으면 사람은 물론 동물과 식물도 살 수 없습니다. 그러나 우리가 사용할 수 있는 물의 양은 정해져 있습니다. 물을 소중하게 생각하고 아껴 써야 합니다.

이를 닦을 때는 물을 컵에 담아서 사용합니다.

손을 씻거나 세수를 할 때는 사용할 만큼의 물만 받아서 사용합니다.

비누칠을 할 때는 물을 잠그고, 샤워하는 시간을 줄입니다.

설거지를 할 때는 통에 물을 받아서 하고, 세제는 조금만 사용합니다.

 水 수

 水 쉐이

 水 스이

1주 5일

공부한 날
月 日

오늘 배울 한자를 만나 봅시다.

火 **불**을 뜻하고
화라고 읽어요.

火 불 화

火

불 **화**

8급 | 부수 火 | 총 4획

활활 타오르는 불 모양을 따라 만든
글자로, '불'을 뜻합니다.

순서에 맞게 한자를 써 봅시다.

丶 丷 少 火

불화	불화	불화	불화
불화	불화	불화	불화
불화	불화	불화	불화

오늘 배운 한자가 쓰인 단어의 뜻을 알아보고, 예문을 읽어 봅시다.

안전 火 산
山 메 산

뜻 땅속에 있는 마그마가 뿜어져 나와 만들어진 산.
'마그마'는 땅속에서 바위나 돌이 녹은 것입니다.

예문 지진이 나면 **화산**이 폭발할 수 있습니다.

안전 火 재
災 재앙 재

뜻 불이 나서 생긴 큰 사고.

예문 **화재** 예방을 위해 한 콘센트에 여러 개의 전기 기구를 꽂지 않습니다.

안전 소 火 기
消 사라질 소   器 그릇 기

뜻 불을 끄는 기구.

예문 현관문 앞에 **소화기**를 준비해 두었습니다.

급수 시험
유형 문제

정답 확인

1 다음 글의 ( ) 안에 있는 한자의 독음(읽는 소리)을 쓰세요.

지금도 (火)산 활동이 일어나는 곳이 있습니다.

2 다음 한자의 훈(뜻)을 〈보기〉에서 찾아 그 번호를 쓰세요.

| 〈보기〉 | ① 수 | ② 불 | ③ 화 |

火

3 다음 한자의 진하게 표시한 획은 몇 번째 쓰는지 〈보기〉에서 찾아 그 번호를 쓰세요.

火

| 〈보기〉 | ① 첫 번째 | ② 두 번째 |
| | ③ 세 번째 | ④ 네 번째 |

정답 쓰기

1

2

3

우리 함께 화재를 막아요

火 災

🐾 불이 날 수 있는 상황의 번호를 모두 써 봅시다.

난로를 오래 켜 놓았으니 이제 끄자!

오빠가 신기한 거 보여 줄게.

화재를 막기 위해 꼭 기억해요!

💡 불 가까이에서 뛰거나 장난치지 않습니다.
💡 난로와 같은 가전제품을 오랫동안 켜 놓지 않습니다.
💡 라이터 같은 물건은 절대 가지고 다니지 않습니다.
💡 불 가까이에 옷이나 종이처럼 쉽게 탈 수 있는 물건을 놓지 않습니다.

한중일 한자

발음 듣기

🇰🇷 火 화   🇨🇳 火 후어   🇯🇵 火 카

오늘 배울 한자를 만나 봅시다.

한자 1-1 　2주 1일 - 1

一

하나(한)를 뜻하고

일이라고 읽어요.

一 한 일

一 한 일

| 8급 | 부수 一 | 총 1획 |

{ 한 개의 선을 그어 숫자 1을 나타낸 글자로, '한'을 뜻합니다. '한'은 개수가 하나라는 뜻입니다. }

순서에 맞게 한자를 써 봅시다.

一

① ➔ 한 일	한 일	한 일	한 일
한 일	한 일	한 일	한 일
한 일	한 일	한 일	한 일

오늘 배운 한자가 쓰인 단어의 뜻을 알아보고, 예문을 읽어 봅시다.

第 차례 제

> 뜻 여러 가지 중에서 가장.
> 예문 나는 복실이가 **제일** 좋습니다.

統 거느릴 통

> 뜻 서로 다른 것을 하나로 맞추거나 모음.
> 예문 **통일**이 되면 기차를 타고 북한에 갈 수 있습니다.

部 떼 부

> 뜻 전체 중에 한 부분.
> 예문 물건의 **일부**를 보고 모양을 맞혀 봅시다.

급수 시험 유형 문제

정답 확인

1 다음 글의 ( ) 안에 있는 한자의 독음(읽는 소리)을 쓰세요.

> 내가 제(一) 좋아하는 음식은 떡볶이입니다.

2 다음 밑줄 친 말에 해당하는 한자를 〈보기〉에서 찾아 그 번호를 쓰세요.

> 〈보기〉   ① 一   ② 二   ③ 三
>
> 빵 <u>하나</u>를 친구와 나눠 먹었습니다.

3 다음 한자의 훈(뜻)과 음(소리)을 쓰세요.

> 一

정답 쓰기

1

2

3
훈 ....
음 ....

[예습 한자] 二 두 이
三 석 삼

세상에서 제일 큰 동물

 第 一

대왕 고래

대왕 고래는 지구에서 제일 큰 동물입니다. 몸길이는 버스 네 대를 연결한 것과 같이 매우 길고, 무게는 어른 삼천 명을 더한 것과 같이 매우 무겁습니다.

아프리카 코끼리

아프리카 코끼리는 땅 위에 사는 동물 중 제일 크고 무겁습니다. 무게가 수컷은 6톤, 암컷은 3톤 정도입니다. 긴 코와 멋진 송곳니가 유명합니다.

타조

타조는 새 중에서 제일 크고, 무게는 150kg 정도됩니다. 몸의 크기에 비해 날개가 너무 작아서 날지는 못합니다. 그러나 길고 튼튼한 다리로 빠르게 잘 달립니다.

 — 일

 — 이

 — 이치

어제의 한자

훈　음

오늘 배울 한자를 만나 봅시다.

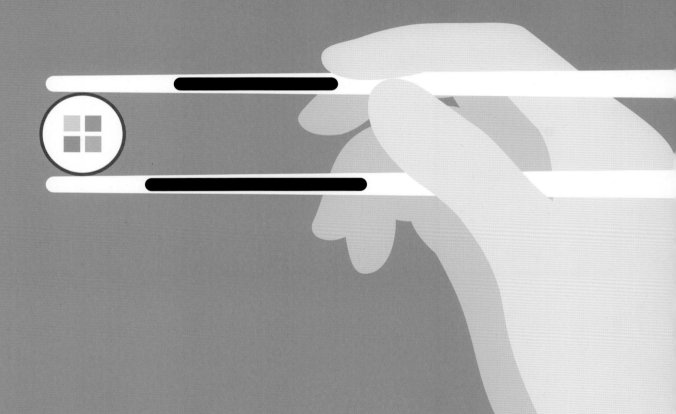

二　둘(두)을 뜻하고

二　이라고 읽어요.

二　두 이

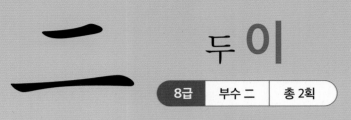

二
두 이

| 8급 | 부수 二 | 총 2획 |

두 개의 선을 그어 숫자 2를 나타낸 글자로, '두'를 뜻합니다. '두'는 개수가 둘이라는 뜻입니다.

🐼 순서에 맞게 한자를 써 봅시다.

一 二

두 이	두 이	두 이	두 이
두 이	두 이	두 이	두 이
두 이	두 이	두 이	두 이

교과서 어휘

오늘 배운 한자가 쓰인 단어의 뜻을 알아보고, 예문을 읽어 봅시다.

국어 二 일
日 날 일

뜻 두 번째 날.

예문 3월 **2일**에 있었던 일을 그림일기로 썼습니다.

봄 二 층
層 층 층

뜻 건물에서 두 번째 층.

예문 계단 손잡이를 잡고 **2층**으로 올라갔습니다.

안전 二 중
重 무거울 중

뜻 (1) 두 겹. (2) 두 번을 반복함.

예문 깨지기 쉬운 물건을 **이중**으로 포장했습니다.

급수 시험 유형 문제

정답 확인

1 다음 훈(뜻)에 알맞은 한자를 〈보기〉에서 찾아 그 번호를 쓰세요.

〈보기〉   ① 日   ② 土   ③ 二

두

2 다음 음(소리)에 알맞은 한자를 〈보기〉에서 찾아 그 번호를 쓰세요.

〈보기〉   ① 二   ② 土   ③ 五

이

3 다음 한자의 훈(뜻)과 음(소리)을 쓰세요.

二

정답 쓰기	
1	
2	
3	
훈	
음	

[예습 한자] 土 흙 토
五 다섯 오

미로 속 '二'를 찾아요
이

🐾 미로를 탈출하면서 만나는 한자 '二'의 개수를 써 봅시다. ☐ 개

출발

도착

한중일 한자

발음 듣기

🇰🇷 二 이

🇨🇳 二 얼

🇯🇵 二 니

오늘 배울 한자를 만나 봅시다.

三 **셋(석)**을 뜻하고

삼이라고 읽어요.

三 석 삼

三

석 삼

| 8급 | 부수 一 | 총 3획 |

세 개의 선을 그어 숫자 3을 나타낸 글자로, '석'을 뜻합니다. '석'은 개수가 셋이라는 뜻입니다.

순서에 맞게 한자를 써 봅시다.

一 二 三

석 삼	석 삼	석 삼	석 삼
석 삼	석 삼	석 삼	석 삼
석 삼	석 삼	석 삼	석 삼

오늘 배운 한자가 쓰인 단어의 뜻을 알아보고, 예문을 읽어 봅시다.

국어 **三국**
國 나라 국

뜻 (1) 세 나라. (2) 신라, 백제, 고구려를 함께 이르는 말.
예문 야구 대회에 아시아 **삼국**의 대표 팀이 참가했습니다.

겨울 **三천리**
千 일천 천   里 마을 리

뜻 (1) 약 1,200km의 거리. (2) 우리나라 전체.
예문 봄이 되자 **삼천리** 곳곳에서 꽃이 피었습니다.

수학 **三각형**
角 뿔 각   形 모양 형

뜻 세 개의 선으로 둘러싸인 세모 모양의 도형.
예문 세모 모양의 도형을 **삼각형**이라고 합니다.

 급수 시험 유형 문제

정답 확인

1 다음 밑줄 친 말에 해당하는 한자를 〈보기〉에서 찾아 그 번호를 쓰세요.

〈보기〉   ① 千   ② 三   ③ 二

세 나라의 대통령이 한자리에 모였습니다.

2 다음 음(소리)에 알맞은 한자를 〈보기〉에서 찾아 그 번호를 쓰세요.

〈보기〉   ① 二   ② 三   ③ 五

삼

3 다음 한자의 훈(뜻)과 음(소리)을 쓰세요.

三

정답 쓰기

1

2

3
훈 ....
음 ....

[복습 한자] 二 두 이
[예습 한자] 五 다섯 오

한국, 중국, 일본 삼국의 인사말

三 國

• 만났을 때 •

🇰🇷	안녕하세요.
🇨🇳	니하오.
🇯🇵	곤니치와.

• 고마울 때 •

🇰🇷	고맙습니다.
🇨🇳	씨에씨에.
🇯🇵	아리가토-고자이마스.

• 미안할 때 •

🇰🇷	미안합니다.
🇨🇳	뚜에이부치.
🇯🇵	스미마센.

• 헤어질 때 •

🇰🇷	안녕히 가세요.
🇨🇳	짜이찌엔.
🇯🇵	사요-나라.

발음 듣기

 三 삼   三 싼   三 산

2주 4일

공부한 날

月　日

어제의 한자

三

훈　　　음

_____ ____

넉 사

오늘 배울 한자를 만나 봅시다.

四 　넷(넉)을 뜻하고

　　　 사라고 읽어요.

四 넉 사

四

넉 사

| 8급 | 부수 口 | 총 5획 |

숫자 4를 나타낸 글자로, '넉'을 뜻합니다. '넉'은 개수가 넷이라는 뜻입니다.

🐼 순서에 맞게 한자를 써 봅시다.

`ㅣ 冂 冂 四 四`

넉 사	넉 사	넉 사	넉 사
넉 사	넉 사	넉 사	넉 사
넉 사	넉 사	넉 사	넉 사

오늘 배운 한자가 쓰인 단어의 뜻을 알아보고, 예문을 읽어 봅시다.

> 뜻 아버지 형제자매의 아들이나 딸.
> 예문 사진 속의 사람은 제주도에 사는 **사촌** 형입니다.

寸 마디 촌

> 뜻 동, 서, 남, 북의 네 방향.
> 예문 봄이 되자 **사방**에서 새싹이 자라났습니다.

方 모 방

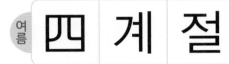

> 뜻 봄, 여름, 가을, 겨울의 네 계절.
> 예문 여름은 **사계절** 중 비가 가장 많이 내리는 계절입니다.

季 계절 계   節 마디 절

급수 시험
유형 문제

정답 확인

1 다음 글의 ( ) 안에 있는 한자의 독음(읽는 소리)을 쓰세요.

할머니 생신 잔치에서 (四)촌 언니를 만났습니다.

2 다음 한자의 훈(뜻)과 음(소리)을 쓰세요.

四

3 다음 한자의 훈(뜻)을 〈보기〉에서 찾아 그 번호를 쓰세요.

〈보기〉   ① 두   ② 석   ③ 넉

四

정답 쓰기
1
2
훈
음
3

우리나라의 아름다운 사계절

四 季 節

우리나라에는 봄, 여름, 가을, 겨울의 사계절이 있습니다. 계절에 따라 날씨가 변하고, 우리의 옷차림과 생활 모습도 달라집니다. 자연에서 만날 수 있는 동물과 식물도 계절마다 다릅니다.

가장 좋아하는 계절과 그 이유를 생각해 보세요.

봄 여름
가을 겨울

발음 듣기

 四 사

 四 쓰

 四 시

어제의 한자

四

훈　음

오늘 배울 한자를 만나 봅시다.

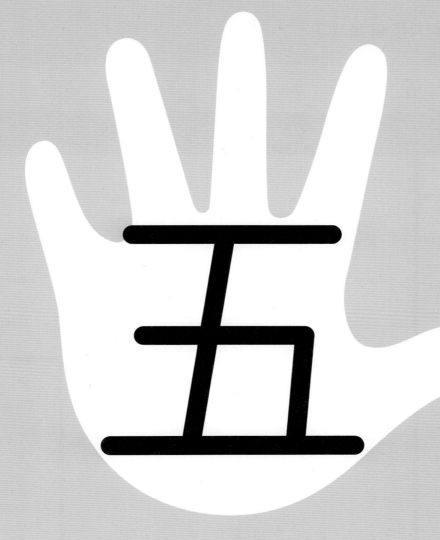

五　**다섯**을 뜻하고
오라고 읽어요.

五　다섯 오

五

다섯 오

8급 | 부수 二 | 총 4획

{ 숫자 5를 나타낸 글자로, '다섯'을 뜻합니다. }

🐼 **순서에 맞게 한자를 써 봅시다.**

一 丁 五 五

五 다섯 오	五 다섯 오	五 다섯 오	五 다섯 오
다섯 오	다섯 오	다섯 오	다섯 오
다섯 오	다섯 오	다섯 오	다섯 오

오늘 배운 한자가 쓰인 단어의 뜻을 알아보고, 예문을 읽어 봅시다.

봄  五 감

感 느낄 감

- 뜻 : 시각, 청각, 후각, 미각, 촉각의 다섯 가지 감각.
- 예문 : 새싹과 꽃을 **오감**으로 표현해 봅시다.

여름 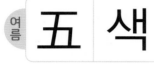 五 색

色 빛 색

- 뜻 : (1) 다섯 가지 색. (2) 다양한 색.
- 예문 : 스펀지에 **오색** 물감을 묻혀 도화지에 찍어 봅시다.

수학  五 미 자

味 맛 미　子 아들 자

- 뜻 : 다섯 가지 맛(신맛, 쓴맛, 매운맛, 단맛, 짠맛)이 나는 열매.
- 예문 : 친구들이 딴 **오미자**가 몇 개인지 세어 봅시다.

 급수 시험 유형 문제

정답 확인

1 다음 훈(뜻)에 알맞은 한자를 〈보기〉에서 찾아 그 번호를 쓰세요.

〈보기〉　① 子　　② 五　　③ 王

다섯

2 다음 한자의 훈(뜻)과 음(소리)을 쓰세요.

五

3 다음 한자의 진하게 표시한 획은 몇 번째 쓰는지 〈보기〉에서 찾아 그 번호를 쓰세요.

五

〈보기〉　① 첫 번째　② 두 번째　③ 세 번째　④ 네 번째

정답 쓰기

1

2
훈 ----------
음 ----------

3

[예습 한자] 王 임금 왕

다섯 가지 감각, 오감

(五) (感)

시각
눈으로 보는 감각입니다. 물건의 크기와 모양, 색을 볼 수 있습니다.

청각
귀로 듣는 감각입니다. 크고 작은 다양한 소리를 들을 수 있습니다.

촉각
손으로 만지거나 피부로 느끼는 감각입니다. 따뜻함, 차가움, 부드러움과 같은 느낌을 알 수 있습니다.

미각
혀로 맛을 보는 감각입니다. 쓴맛, 신맛, 단맛, 짠맛과 같은 맛을 느낄 수 있습니다.

후각
코로 냄새를 맡는 감각입니다. 향기나 음식 냄새, 꽃향기 같은 냄새를 맡을 수 있습니다.

발음 듣기

 五 오

 五 우

 五 고

🐼 **오늘 배울 한자를 만나 봅시다.**

人 **사람**을 뜻하고
인이라고 읽어요.

人 사람 인

人

사람 인

| 8급 | 부수 人 | 총 2획 |

{ 사람의 옆모습 모양을 따라 만든 글자로, '사람'을 뜻합니다. }

🐼 **순서에 맞게 한자를 써 봅시다.**

ノ 人

사람 인	사람 인	사람 인	사람 인
사람 인	사람 인	사람 인	사람 인
사람 인	사람 인	사람 인	사람 인

교과서 어휘

오늘 배운 한자가 쓰인 단어의 뜻을 알아보고, 예문을 읽어 봅시다.

국어 **人 형**
形 모양 형

- 뜻 사람 모양으로 만든 장난감.
- 예문 친구들과 함께 **인형** 놀이를 했습니다.

봄 **人 사**
事 일 사

- 뜻 만나거나 헤어질 때 하는 말이나 행동.
- 예문 **인사**는 예의 바른 자세와 마음으로 하는 것이 중요합니다.

수학 **人 원**
員 인원 원

- 뜻 모임을 이루고 있는 사람들.
- 예문 여덟 명의 **인원**이 놀이 기구 두 대에 나누어 탔습니다.

급수 시험 유형 문제

정답 확인

1 다음 글의 ( ) 안에 있는 한자의 독음(읽는 소리)을 쓰세요.

동생은 곰 (人)형을 안고 잠들었습니다.

2 다음 밑줄 친 말에 해당하는 한자를 〈보기〉에서 찾아 그 번호를 쓰세요.

〈보기〉   ① 火   ② 八   ③ 人

동네 <u>사람</u>들 모두가 그를 좋아합니다.

3 다음 한자의 훈(뜻)과 음(소리)을 쓰세요.

人

정답 쓰기

1

2

3
훈 ....
음 ....

[복습 한자] 火 불 화
[예습 한자] 八 여덟 팔

마음을 담아 인사해요

 人 事

아침에 일어나면 부모님께 '안녕히 주무셨어요?'라고 합니다.

학교에 갈 때는 부모님께 '학교에 다녀오겠습니다.'라고 합니다.

친구에게 도움을 받으면 '고마워.'라고 합니다.

친구에게 실수를 하면 '미안해.'라고 합니다.

집에 돌아오면 부모님께 '잘 다녀왔습니다.'라고 합니다.

밤에 잠자기 전에는 부모님께 '안녕히 주무세요.'라고 합니다.

발음 듣기

 人 인

 人 런

 人 닌

오늘 배울 한자를 만나 봅시다.

大 크다를 뜻하고
대라고 읽어요.

大 큰 대

大 큰 대

8급 | 부수 大 | 총 3획

두 팔을 벌리고 서 있는 사람의 모양을 따라 만든 글자로, 사람이나 사물의 크기가 '크다'를 뜻합니다.

 순서에 맞게 한자를 써 봅시다.

一 ナ 大

큰 대	큰 대	큰 대	큰 대
큰 대	큰 대	큰 대	큰 대
큰 대	큰 대	큰 대	큰 대

오늘 배운 한자가 쓰인 단어의 뜻을 알아보고, 예문을 읽어 봅시다.

국어  大 회
會 모일 회

뜻 큰 모임이나 회의.
예문 합창 **대회**를 위해 노래 연습을 했습니다.

안전  大 문
門 문 문

뜻 큰 문.
예문 낯선 사람에게 **대문**을 열어 주지 않습니다.

국어  大 왕
王 임금 왕

뜻 훌륭하고 뛰어난 임금.
예문 세종 **대왕**은 백성을 위해 한글을 만들었습니다.

급수 시험 유형 문제

정답 확인

1 다음 훈(뜻)에 알맞은 한자를 〈보기〉에서 찾아 그 번호를 쓰세요.

〈보기〉　　① 六　　　　② 王　　　　③ 大

큰

2 다음 음(소리)에 알맞은 한자를 〈보기〉에서 찾아 그 번호를 쓰세요.

〈보기〉　　① 大　　　　② 六　　　　③ 八

대

3 다음 한자의 훈(뜻)과 음(소리)을 쓰세요.

大

정답 쓰기

1

2

3

훈 ----------------

음 ----------------

[예습 한자] 六 여섯 륙
八 여덟 팔

한자 '大'를 공부해요
대

🐾 설명이 맞으면 ○, 틀리면 ✕의 길을 따라가며 지구에 도착해 봅시다.

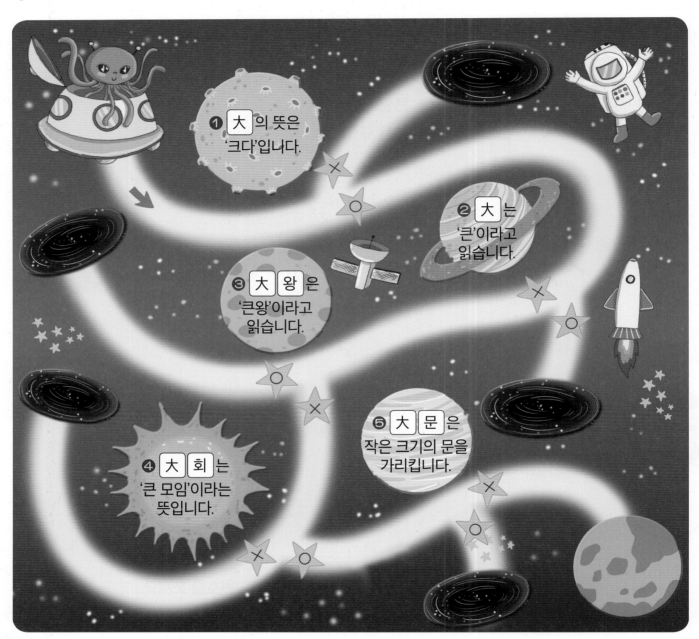

❶ 大 의 뜻은 '크다'입니다.

❷ 大 는 '큰'이라고 읽습니다.

❸ 大 왕 은 '큰왕'이라고 읽습니다.

❹ 大 회 는 '큰 모임'이라는 뜻입니다.

❺ 大 문 은 작은 크기의 문을 가리킵니다.

 大 대

 大 따

 大 다이

오늘 배울 한자를 만나 봅시다.

작은 모래 알갱이에요.

小 작다를 뜻하고

소라고 읽어요.

小 작을 소

小 작을 소

| 8급 | 부수 小 | 총 3획 |

작은 것이 흩어져 있는 모양을 따라 만든 글자로, 크기가 '작다'를 뜻합니다.

※ 상대(반대)되는 한자: 大(큰 대) ↔ 小(작을 소)

🐼 **순서에 맞게 한자를 써 봅시다.**

亅 小 小

작을 소	작을 소	작을 소	작을 소
작을 소	작을 소	작을 소	작을 소
작을 소	작을 소	작을 소	작을 소

오늘 배운 한자가 쓰인 단어의 뜻을 알아보고, 예문을 읽어 봅시다.

여름
小 고
鼓 북 고

- 뜻 손잡이가 있는 작은 북 모양의 전통 악기.
- 예문 **소고**를 연주하며 노래를 불러 봅시다.

국어
小 아
兒 아이 아

- 뜻 어린아이.
- 예문 아이가 아파 **소아**청소년과에 갔습니다.

봄
축 小
縮 줄일 축

- 뜻 크기를 작게 줄임.
- 예문 봄 동산의 모습을 **축소**하여 그려 봅시다.

급수 시험 유형 문제

정답 확인

1 다음 밑줄 친 말에 해당하는 한자를 〈보기〉에서 찾아 그 번호를 쓰세요.

〈보기〉　　① 小　　　② 大　　　③ 人

조용한 시골 마을에 작은 음악회가 열렸습니다.

2 다음 음(소리)에 알맞은 한자를 〈보기〉에서 찾아 그 번호를 쓰세요.

〈보기〉　　① 人　　　② 大　　　③ 小

소

3 다음 한자의 훈(뜻)과 음(소리)을 쓰세요.

小

정답 쓰기

1

2

3

훈 _____

음 _____

[복습 한자] 大 큰 대
　　　　　　 人 사람 인

우리나라의 전통 악기, 소고

小 鼓

소고는 작고 넓적한 북으로 손잡이가 있는 전통 악기입니다. 북 양면에 가죽을 덧대고 단단한 끈으로 묶어서 만듭니다. 소고는 주로 농촌에서 즐기던 풍물놀이에서 사용되었습니다.

소고는 어떻게 연주하나요?

한 손으로 소고의 손잡이를 잡고, 다른 손으로 소고 채를 잡습니다. 소고 채를 이용하여 북의 앞면, 뒷면, 테두리를 쳐서 소리를 냅니다.

입으로 내는 소리	둥	딱
연주 방법	채로 소고 치기	채로 소고의 테두리 치기

小 소

小 씨아오

小 쇼-

小

훈   음

_____ _____

오늘 배울 한자를 만나 봅시다.

女 **여자**를 뜻하고
   녀라고 읽어요.

女 여자 녀

女

여자 녀

| 8급 | 부수 女 | 총 3획 |

'여자'를 뜻합니다. '계집'이라는 뜻을 쓰기도 합니다.

※ '女(녀)'가 단어의 첫머리에 올 때는 '여'로 읽습니다.

🐼 **순서에 맞게 한자를 써 봅시다.**

く 乄 女

女	女	女	女
여자 녀	여자 녀	여자 녀	여자 녀
여자 녀	여자 녀	여자 녀	여자 녀
여자 녀	여자 녀	여자 녀	여자 녀

교과서 어휘

오늘 배운 한자가 쓰인 단어의 뜻을 알아보고, 예문을 읽어 봅시다.

수학 **女 자**
子 아들 자

뜻 여성.
예문 **여자**아이 두 명과 남자아이 두 명이 뛰고 있습니다.

국어 **소 女**
少 적을 소

뜻 어린 여자아이.
예문 내가 읽은 책의 제목은 '성냥팔이 **소녀**'입니다.

봄 **女 동 생**
同 한가지 동   生 날 생

뜻 여자 동생.
예문 귀여운 내 **여동생**은 사과를 잘 먹습니다.

급수 시험 유형 문제

정답 확인

1 다음 글의 ( ) 안에 있는 한자의 독음(읽는 소리)을 쓰세요.

소년은 소(女)의 손을 꼭 잡고 걸었습니다.

2 다음 한자의 훈(뜻)과 음(소리)을 쓰세요.

女

3 다음 한자의 훈(뜻)을 〈보기〉에서 찾아 그 번호를 쓰세요.

| 〈보기〉 | ① 사내 | ② 여자 | ③ 사람 |

女

정답 쓰기

1

2

훈 ----------------

음 ----------------

3

'女'를 바르게 읽어요

녀 / 여

女 + [ ]   '女(녀)'가 단어의 맨 앞에 있을 때는 '여'로 읽습니다.

여자

여동생

여왕

[ ] + 女   '女(녀)'가 단어의 중간이나 뒤에 있을 때는 '녀'로 읽습니다.

소녀

자녀

모녀

발음 듣기

🇰🇷 女 녀   🇨🇳 女 뉘   🇯🇵 女 죠

어제의 한자

女

훈　음

임금 왕

 오늘 배울 한자를 만나 봅시다.

王　**임금**을 뜻하고
왕이라고 읽어요.

王　임금 왕

王

임금 **왕**

| 8급 | 부수 王 | 총 4획 |

'임금'을 뜻합니다. '임금'은 옛날에 나라를 다스리던 왕을 말합니다.

🐼 **순서에 맞게 한자를 써 봅시다.**

一　二　千　王

王	王	王	王
임금 왕	임금 왕	임금 왕	임금 왕
임금 왕	임금 왕	임금 왕	임금 왕
임금 왕	임금 왕	임금 왕	임금 왕

오늘 배운 한자가 쓰인 단어의 뜻을 알아보고, 예문을 읽어 봅시다.

여름 **王 자**
子 아들 자

- 뜻 임금의 아들.
- 예문 할머니는 나를 '**왕자**'라고 부릅니다.

국어 **용 王**
龍 용 룡(용)

- 뜻 전설에 나오는 바닷속 임금.
- 예문 병에 걸린 **용왕**은 의자에 앉아 있었습니다.

국어 **국 王**
國 나라 국

- 뜻 나라의 임금.
- 예문 세종 대왕은 조선의 **국왕**이었습니다.

 급수 시험 유형 문제

정답 확인

1 다음 한자의 훈(뜻)과 음(소리)을 쓰세요.

王

2 다음 한자의 음(소리)을 〈보기〉에서 찾아 그 번호를 쓰세요.

| 〈보기〉 | ① 인 | ② 왕 | ③ 일 |

王

3 다음 한자의 진하게 표시한 획은 몇 번째 쓰는지 〈보기〉에서 찾아 그 번호를 쓰세요.

王

| 〈보기〉 | ① 첫 번째 | ② 두 번째 |
| | ③ 세 번째 | ④ 네 번째 |

정답 쓰기

1

훈 _____

음 _____

2

3

내가 바로 퀴즈 왕

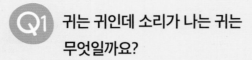

王

Q1 귀는 귀인데 소리가 나는 귀는 무엇일까요?

Q2 돈을 가장 많이 쓰는 동물은 누구일까요?

Q3 돌고래는 영어로 돌핀입니다. 그렇다면 고래는 영어로 무엇일까요?

Q4 개 중에 가장 예쁘고 아름다운 개는 누구일까요?

Q5 병아리가 가장 잘 먹는 약은 무엇일까요?

다섯 문제를 모두 맞힌 나는 세계 최고의 퀴즈왕!

발음 듣기

🇰🇷 王 왕

🇨🇳 王 왕

🇯🇵 王 오-

어제의 한자

王

훈　음

_____

🐼 오늘 배울 한자를 만나 봅시다.

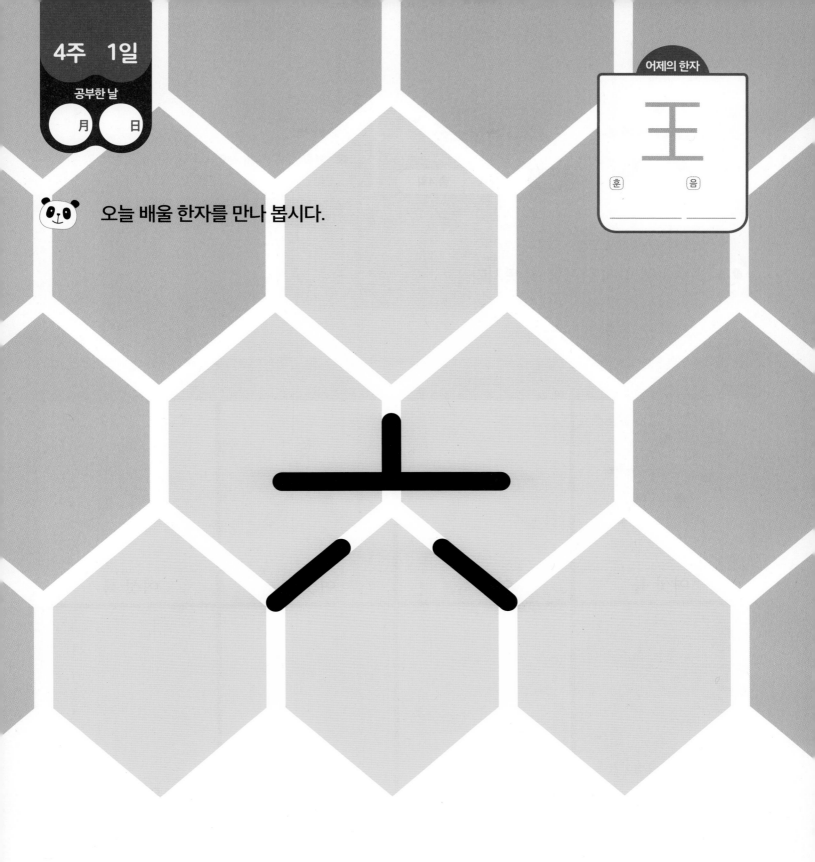

六 **여섯**을 뜻하고
륙이라고 읽어요.

六 여섯 륙

六 여섯 륙

8급 | 부수 八 | 총 4획

숫자 6을 나타낸 글자로, '여섯'을 뜻합니다.

※ '六(륙)'이 단어의 첫머리에 올 때는 '육'으로 읽습니다.

순서에 맞게 한자를 써 봅시다.

`丶 ㆍ 亠 六 六`

六	六	六	六
여섯 륙	여섯 륙	여섯 륙	여섯 륙
여섯 륙	여섯 륙	여섯 륙	여섯 륙
여섯 륙	여섯 륙	여섯 륙	여섯 륙

오늘 배운 한자가 쓰인 단어의 뜻을 알아보고, 예문을 읽어 봅시다.

여름 **六월**
月 달 월

뜻 일 년 중 여섯 번째 달.

예문 **6월** 20일은 내 생일입니다.
'6월'은 '유월'이라고 읽습니다.

국어 **六각형**
角 뿔 각   形 모양 형

뜻 여섯 개의 선으로 둘러싸인 도형.

예문 꿀벌은 **육각형** 모양의 집에 꿀을 보관합니다.

국어 **六이오**
二 두 이   五 다섯 오

뜻 1950년 6월 25일 북한군이 삼팔선을 넘어와 일어난 전쟁.
'삼팔선'은 우리나라를 남과 북으로 나누고 있는 선입니다.

예문 우리나라는 **육이오** 전쟁 이후 남과 북으로 나뉘었습니다.

급수 시험 유형 문제

정답 확인

1 다음 글의 ( ) 안에 있는 한자의 독음(읽는 소리)을 쓰세요.

초등학교는 (六)년 동안 다녀야 합니다.

2 다음 밑줄 친 말에 해당하는 한자를 〈보기〉에서 찾아 그 번호를 쓰세요.

〈보기〉   ① 木   ② 六   ③ 大

내 동생은 <u>여섯</u> 살입니다.

3 다음 한자의 진하게 표시한 획은 몇 번째 쓰는지 〈보기〉에서 찾아 그 번호를 쓰세요.

六

〈보기〉	① 첫 번째	② 두 번째
	③ 세 번째	④ 네 번째

정답 쓰기

1
2
3

[복습 한자] 木 나무 목
大 큰 대

꿀벌의 집은 육각형

달콤한 꿀을 선물해 주는 꿀벌들의 집은 육각형 모양입니다. 꿀벌들이 육각형 모양으로 집을 짓는 데는 특별한 이유가 있습니다.

🐾 첫 번째 이유

육각형 모양으로 집을 지으면 빈틈이 생기지 않아 꿀벌들이 더 많은 꿀을 저장할 수 있습니다. 동그라미나 별 같은 다른 모양으로 집을 지으면 빈틈이 많이 생깁니다.

🐾 두 번째 이유

꿀벌은 집을 짓고 여러 마리가 함께 모여 살기 때문에 튼튼한 집이 필요합니다. 육각형 모양으로 집을 지으면 다른 모양의 집보다 훨씬 튼튼하고 많은 개수의 방을 만들 수 있습니다.

 六 륙

 六 리우

 六 로쿠

어제의 한자

六

훈 음

_____ _____

일곱 칠

오늘 배울 한자를 만나 봅시다.

일곱 개의 별을
이어 북두칠성을
만들어요.

七 일곱을 뜻하고
칠이라고 읽어요.

七 일곱 칠

七 일곱 **칠**

8급 | 부수 一 | 총 2획

숫자 7을 나타낸 글자로, '일곱'을 뜻합니다.

🐼 **순서에 맞게 한자를 써 봅시다.**

一 七

七	七	七	七
일곱 칠	일곱 칠	일곱 칠	일곱 칠
일곱 칠	일곱 칠	일곱 칠	일곱 칠
일곱 칠	일곱 칠	일곱 칠	일곱 칠

교과서 어휘

오늘 배운 한자가 쓰인 단어의 뜻을 알아보고, 예문을 읽어 봅시다.

여름 **七 순**
旬 열흘 순

뜻 (1) 70일. (2) 70세.

예문 지난 토요일에 할아버지의 **칠순** 잔치가 열렸습니다.

국어 **七 석**
夕 저녁 석

뜻 '음력 7월 7일'로, 견우와 직녀가 만난다는 날.

예문 **칠석**날 까마귀와 까치는 견우직녀를 위해 다리를 만들어 줍니다.

수학 **북 두 七 성**
北 북녘 북   斗 말 두   星 별 성

뜻 북쪽 하늘에서 보이는 일곱 개의 별.

예문 **북두칠성**은 일곱 개의 별로 이루어졌습니다.

 **급수 시험 유형 문제**

정답 확인

1 다음 훈(뜻)에 알맞은 한자를 〈보기〉에서 찾아 그 번호를 쓰세요.

〈보기〉   ① 七   ② 大   ③ 九

일곱

2 다음 음(소리)에 알맞은 한자를 〈보기〉에서 찾아 그 번호를 쓰세요.

〈보기〉   ① 夕   ② 大   ③ 七

칠

3 다음 한자의 훈(뜻)과 음(소리)을 쓰세요.

七

정답 쓰기
1

2

3

훈 _____
음 _____

[복습 한자] 大 큰 대
[예습 한자] 九 아홉 구

하늘의 국자, 북두칠성

北 斗 七 星

북두칠성은 큰곰자리에서 곰의 등과 꼬리 부분에 있는 일곱 개의 별로, 북쪽 하늘에서 볼 수 있습니다.

손잡이가 있는 국자 모양처럼 생긴 북두칠성은 밤하늘에서 가장 쉽게 찾을 수 있는 별자리입니다. 북두칠성을 찾으면 다른 별자리의 위치도 쉽게 찾을 수 있습니다.

만 원짜리 지폐 뒷면에 숨어 있는 북두칠성을 찾아보세요.

발음 듣기

🇰🇷 七 칠

🇨🇳 七 치

🇯🇵 七 시치

오늘 배울 한자를 만나 봅시다.

八   **여덟**을 뜻하고
     팔이라고 읽어요.

八 여덟 팔

八 여덟 **팔**

| 8급 | 부수 八 | 총 2획 |

숫자 8을 나타낸 글자로, '여덟'을 뜻합니다.

🐼 **순서에 맞게 한자를 써 봅시다.**

丿 八

여덟 팔	여덟 팔	여덟 팔	여덟 팔
여덟 팔	여덟 팔	여덟 팔	여덟 팔
여덟 팔	여덟 팔	여덟 팔	여덟 팔

오늘 배운 한자가 쓰인 단어의 뜻을 알아보고, 예문을 읽어 봅시다.

여름 **八 월**
月 달 월

뜻 일 년 중 여덟 번째 달.

예문 **팔월**에는 가족 행사가 두 개나 있습니다.

여름 **八 도**
道 길 도

뜻 행정 구역을 여덟 개로 나눈 우리나라 전체.

예문 여름이 되면 **팔도**강산의 나무가 푸르게 자랍니다.

봄 **八 방**
方 모 방

뜻 여러 방향이나 부분.

예문 봄에는 민들레 씨앗이 사방**팔방**으로 날아다닙니다.

급수 시험 유형 문제

정답 확인

1 다음 밑줄 친 말에 해당하는 한자를 〈보기〉에서 찾아 그 번호를 쓰세요.

〈보기〉　　① 八　　　　② 人　　　　③ 火

하루에 <u>여덟</u> 시간 정도 자는 것이 건강에 좋습니다.

2 다음 음(소리)에 알맞은 한자를 〈보기〉에서 찾아 그 번호를 쓰세요.

〈보기〉　　① 火　　　　② 方　　　　③ 八

팔

3 다음 한자의 훈(뜻)과 음(소리)을 쓰세요.

八

정답 쓰기

1

2

3

훈 _____

음 _____

[복습 한자] 人 사람 인
火 불 화

중국인이 좋아하는 숫자, 8

八

오늘 배울 한자를 만나 봅시다.

한자 1-1 4주 4일 - 1

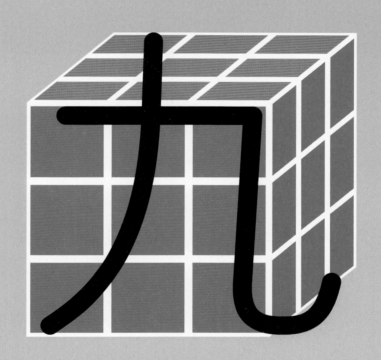

九 **아홉**을 뜻하고
구라고 읽어요.

九 아홉 구

九 아홉 구

| 8급 | 부수 乙 | 총 2획 |

{ 숫자 9를 나타낸 글자로, '아홉'을 뜻합니다. }

🐼 순서에 맞게 한자를 써 봅시다.

丿 九

九	九	九	九
아홉 구	아홉 구	아홉 구	아홉 구
아홉 구	아홉 구	아홉 구	아홉 구
아홉 구	아홉 구	아홉 구	아홉 구

오늘 배운 한자가 쓰인 단어의 뜻을 알아보고, 예문을 읽어 봅시다.

여름 九십
十 열 십

뜻 90번째의 숫자.

예문 할머니의 **구십** 번째 생신날에 가족이 모였습니다.

여름 九九단
段 층계 단

뜻 1에서 9까지의 수를 둘씩 곱해서 나온 값을 나타낸 것.

예문 우리 형은 **구구단**을 모두 외웁니다.

국어 九미호
尾 꼬리 미　狐 여우 호

뜻 전설에 나오는 꼬리가 아홉 개 달린 여우.

예문 할머니께서 **구미호** 이야기를 해 주셨습니다.

1 다음 글의 ( ) 안에 있는 한자의 독음(읽는 소리)을 쓰세요.

할머니는 (九)십을 바라보는 나이에 대학생이 되었습니다.

2 다음 한자의 훈(뜻)과 음(소리)을 쓰세요.

九

3 다음 한자의 훈(뜻)을 〈보기〉에서 찾아 그 번호를 쓰세요.

〈보기〉　① 일곱　② 여덟　③ 아홉

九

정답 쓰기	
1	
2	
훈 ----------------	
음 ----------------	
3	

한자 '九'를 찾아요
구

🐾 '아홉'을 뜻하는 한자를 찾아 색칠하고, 숨겨진 숫자의 번호를 써 봅시다. ☐

八	六	九	九	九	九	九	九	七	六
七	六	九	九	九	九	九	九	七	八
六	八	九	九	八	六	九	九	五	八
六	八	九	九	七	六	九	九	八	七
五	八	九	九	九	九	九	九	六	八
八	六	九	九	九	九	九	九	八	六
八	五	六	八	六	七	九	九	八	六
五	七	七	五	八	八	九	九	八	五
七	五	九	九	九	九	九	九	七	七
五	七	九	九	九	九	九	九	五	五

❶ 6　　❷ 7　　❸ 8　　❹ 9

🇰🇷 九 구　　🇨🇳 九 지우　　🇯🇵 九 큐-

🐼 오늘 배울 한자를 만나 봅시다.

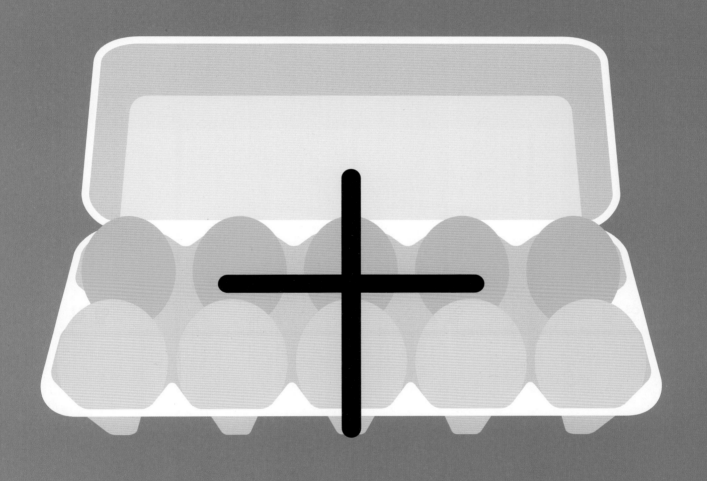

十 **열**을 뜻하고
십이라고 읽어요.

十 열 십

十 **열 십**

| 8급 | 부수 十 | 총 2획 |

숫자 10을 나타낸 글자로, '열'을 뜻합니다.

순서에 맞게 한자를 써 봅시다.

一 十

十	十	十	十
열 십	열 십	열 십	열 십
열 십	열 십	열 십	열 십
열 십	열 십	열 십	열 십

오늘 배운 한자가 쓰인 단어의 뜻을 알아보고, 예문을 읽어 봅시다.

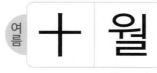
月 달 월

뜻 일 년 중 열 번째 달.

예문 가족 행사표에 **10월**에 있을 행사를 적어 봅시다.
'10월'은 '시월'이라고 읽습니다.

字 글자 자

뜻 한자 '十(십)'과 같은 모양.

예문 병원의 간판에는 초록색 **십자** 모양이 있습니다.

三 석 삼   日 날 일

뜻 서른 번째 날.

예문 6월 **30일** 금요일에 규리의 생일잔치를 했습니다.

급수 시험 유형 문제

정답 확인

1 다음 훈(뜻)에 알맞은 한자를 〈보기〉에서 찾아 그 번호를 쓰세요.

〈보기〉   ① 月   ② 十   ③ 日

열

2 다음 음(소리)에 알맞은 한자를 〈보기〉에서 찾아 그 번호를 쓰세요.

〈보기〉   ① 十   ② 大   ③ 木

십

3 다음 한자의 훈(뜻)과 음(소리)을 쓰세요.

十

정답 쓰기

1

2

3

훈 ....

음 ....

[복습 한자] 大 큰 대
木 나무 목

'十'의 모양을 닮았어요

십

• 십자가 •

교회를 나타내는 모양으로, 한자 '十(십)'과 닮았습니다.

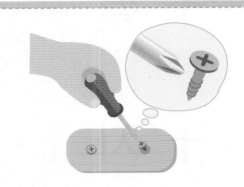

• 십자드라이버 •

나사를 돌릴 수 있는 '十(십)' 자 모양의 도구입니다.

• 십자말풀이 •

'十(십)' 자 모양처럼 가로와 세로가 엇갈린 문제를 푸는 놀이입니다.

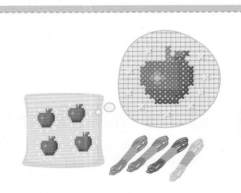

• 십자수 •

실과 바늘로 '十(십)' 자 모양의 수를 놓는 것입니다.

한중일 한자

발음 듣기

 十 십

 十 스

 十 쥬-

어제의 한자

十

훈   음

오늘 배울 한자를 만나 봅시다.

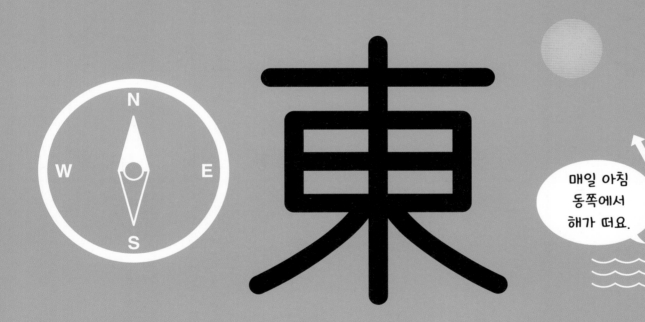

매일 아침
동쪽에서
해가 떠요.

東 동녘을 뜻하고
동 이라고 읽어요.

東 동녘 동

東

동녘 동

8급 | 부수 木 | 총 8획

동서남북 네 방향 중에 '동녘'을 뜻합니다. '동녘'은 동쪽과 같은 말로, 아침에 해가 뜨는 방향을 가리킵니다.

순서에 맞게 한자를 써 봅시다.

一 厂 厅 盾 盾 盾 审 東 東

동녘 동	동녘 동	동녘 동	동녘 동
동녘 동	동녘 동	동녘 동	동녘 동
동녘 동	동녘 동	동녘 동	동녘 동

오늘 배운 한자가 쓰인 단어의 뜻을 알아보고, 예문을 읽어 봅시다.

여름 **東 해**
海 바다 해

뜻 동쪽에 있는 바다.

예문 가족들과 함께 **동해**로 물놀이를 다녀왔습니다.

여름 **東 양**
洋 큰 바다 양

뜻 아시아의 동쪽과 남쪽 지역의 여러 나라.

예문 오빠는 여행하며 **동양**의 모습을 사진으로 찍었습니다.

국어 **東 대 문**
大 큰 대   門 문 문

뜻 서울에 있는 '흥인지문'의 다른 이름.

예문 **동대문**의 지붕은 아름다운 기와로 되어 있습니다.

급수 시험
유형 문제

정답 확인

정답 쓰기

1

2

3

1 다음 글의 ( ) 안에 있는 한자의 독음(읽는 소리)을 쓰세요.

우리나라 동쪽에 있는 바다를 (東)해라고 부릅니다.

2 다음 밑줄 친 말에 해당하는 한자를 〈보기〉에서 찾아 그 번호를 쓰세요.

〈보기〉   ① 萬   ② 軍   ③ 東

독도는 우리나라 <u>동쪽</u> 끝에 있습니다.

3 다음 한자의 훈(뜻)과 음(소리)을 쓰세요.

東

훈 _____

음 _____

[예습 한자] 萬 일만 만
軍 군사 군

우리나라 동쪽에 있는 섬, 독도

東

독도는 우리나라의 가장 동쪽에 있는 화산섬입니다. 독도는 동도와 서도 및 그 주변에 있는 89개의 작은 바위 섬들로 이루어져 있습니다. 독도 주변의 환경은 매우 깨끗하여 다양한 동물과 식물이 살고 있습니다.

독도에는 쉽게 볼 수 없는 멸종 위기 동물들이 많이 살고 있습니다. 괭이갈매기와 노랑지빠귀 같은 희귀한 새들을 볼 수 있습니다.

독도는 따뜻한 바닷물과 차가운 바닷물이 만나는 곳입니다. 꽁치, 오징어, 전어, 복어와 같은 다양한 물고기가 풍부합니다.

독도는 알면 알수록 정말 멋진 우리의 섬이네요.

희귀한 자원과 동식물이 살고 있어서 보물섬과도 같은 곳이지.

아빠! 나중에 꼭 독도로 놀러 가요!

한중일 한자교

발음 듣기

🇰🇷 東 동   🇨🇳 东 똥   🇯🇵 東 토-

 오늘 배울 한자를 만나 봅시다.

어제의 한자
東
훈   음

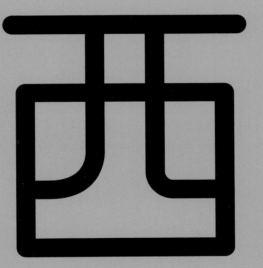

서쪽으로
해가 지고
있어요.

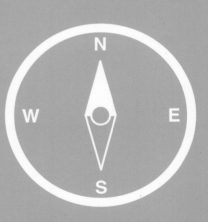

西 **서녘**을 뜻하고
서라고 읽어요.

西 서녘 서

西

서녘 서

| 8급 | 부수 襾 | 총 6획 |

동서남북 네 방향 중에 '서녘'을 뜻합니다. '서녘'은 서쪽과 같은 말로, 저녁에 해가 지는 방향을 가리킵니다.

🐼 **순서에 맞게 한자를 써 봅시다.**

一 丆 冂 丙 西 西

西	西	西	西
서녘 서	서녘 서	서녘 서	서녘 서
서녘 서	서녘 서	서녘 서	서녘 서
서녘 서	서녘 서	서녘 서	서녘 서

오늘 배운 한자가 쓰인 단어의 뜻을 알아보고, 예문을 읽어 봅시다.

국어 **西 양**
洋 큰 바다 양

뜻 유럽과 아메리카의 여러 나라.

예문 두루미와 여우 이야기는 **서양**에서 만들어진 동화입니다.

국어 **西 산**
山 메 산

뜻 서쪽에 있는 산.

예문 나무꾼은 해가 넘어가는 **서산**에서 호랑이를 만났습니다.

국어 **西 해 안**
海 바다 해   岸 언덕 안

뜻 서쪽에 있는 바닷가.

예문 주말에 조개를 캐러 가족들과 **서해안**에 다녀왔습니다.

1 다음 훈(뜻)에 알맞은 한자를 〈보기〉에서 찾아 그 번호를 쓰세요.

〈보기〉   ① 西   ② 山   ③ 五

서녘

2 다음 음(소리)에 알맞은 한자를 〈보기〉에서 찾아 그 번호를 쓰세요.

〈보기〉   ① 山   ② 四   ③ 西

서

3 다음 한자의 훈(뜻)과 음(소리)을 쓰세요.

西

정답 쓰기

1

2

3
훈 _____
음 _____

[복습 한자] 五 다섯 오
四 넉 사

나는 서양에서 왔어요

西 洋

우리나라에는 서양에서 들어온 물건이 많이 있어요. 사람들은 이런 물건의 이름 앞에 '양(洋)'을 붙여서 불러요.

양식

서양식 음식.

양복

서양식 옷.

양궁

서양의 활쏘기.

양배추

서양에서 들어온 배추.

양송이

서양에서 들어온 송이버섯.

양말

서양에서 들어온 버선.

 발음 듣기

 西 서

🇨🇳 西 씨

 西 세-

 오늘 배울 한자를 만나 봅시다.

펭귄은 남극에 살아요.

南 **남녘**을 뜻하고

남이라고 읽어요.

南 남녘 남

南

남녘 남

| 8급 | 부수 十 | 총 9획 |

{ 동서남북 네 방향 중에 '남녘'을 뜻합니다. '남녘'은 남쪽과 같은 말입니다. }

 순서에 맞게 한자를 써 봅시다.

一 十 十 内 内 肖 肖 肖 南

南	南	南	南
남녘 남	남녘 남	남녘 남	남녘 남
남녘 남	남녘 남	남녘 남	남녘 남
남녘 남	남녘 남	남녘 남	남녘 남

오늘 배운 한자가 쓰인 단어의 뜻을 알아보고, 예문을 읽어 봅시다.

여름 **강南**
江 강 강

뜻 (1) 강의 남쪽 지역. (2) 서울에서 한강의 남쪽 지역.
예문 우리 이모는 **강남**에 있는 회사에 다닙니다.

국어 **南한**
韓 나라 한

뜻 대한민국 땅에서 휴전선 남쪽 지역.
'휴전선'은 전쟁을 잠시 멈추기로 약속하고 만든 선입니다.
예문 무궁화는 **남한**을 대표하는 꽃입니다.

여름 **南해**
海 바다 해

뜻 남쪽에 있는 바다.
예문 할머니는 **남해**에 있는 섬마을에 살고 계십니다.

급수 시험 유형 문제

정답 확인

1 다음 밑줄 친 말에 해당하는 한자를 〈보기〉에서 찾아 그 번호를 쓰세요.

〈보기〉   ① 南   ② 西   ③ 江

<u>남녘</u>에는 봄꽃이 활짝 피었습니다.

2 다음 음(소리)에 알맞은 한자를 〈보기〉에서 찾아 그 번호를 쓰세요.

〈보기〉   ① 西   ② 南   ③ 東

남

3 다음 한자의 훈(뜻)과 음(소리)을 쓰세요.

南

정답 쓰기

1

2

3

훈 ----------

음 ----------

[복습 한자] 西 서녘 서
東 동녘 동

친구 따라 강남 간다

  江 南

'친구 따라 강남 간다.'라는 말은 친구가 강남에 간다고 하니까 함께 간다는 뜻입니다.
다른 사람이 하니까 덩달아 따라 하게 되는 것을 말합니다.

 南 남

 南 난

 南 난

어제의 한자

南

훈   음

북녘 북

오늘 배울 한자를 만나 봅시다.

북극곰은
북극에 살아요.

北 **북녘**을 뜻하고
북이라고 읽어요.

北 북녘 북

北

북녘 북

| 8급 | 부수 匕 | 총 5획 |

동서남북의 네 방향 중에 '북녘'을 뜻합니다. '북녘'은 북쪽과 같은 말입니다.

순서에 맞게 한자를 써 봅시다.

丨 丿 扌 北 北

북녘 북	북녘 북	북녘 북	북녘 북
북녘 북	북녘 북	북녘 북	북녘 북
북녘 북	북녘 북	북녘 북	북녘 북

오늘 배운 한자가 쓰인 단어의 뜻을 알아보고, 예문을 읽어 봅시다.

봄 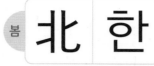 北 한
韓 나라 한

뜻 대한민국 땅에서 휴전선 북쪽 지역.
예문 도서관에서 **북한**에 관한 책을 읽었습니다.

여름  北 상
上 윗 상

뜻 북쪽으로 올라감.
예문 내일부터 태풍이 **북상**한다고 합니다.

봄 동 서 남 北
東 동녘 동   西 서녘 서   南 남녘 남

뜻 동쪽, 서쪽, 남쪽, 북쪽.
예문 쉬는 시간에 **동서남북** 놀이를 했습니다.

 급수 시험 유형 문제

정답 확인

1 다음 글의 ( ) 안에 있는 한자의 독음(읽는 소리)을 쓰세요.

길을 잃으면 (北)극성을 보고 방향을 찾았습니다.

2 다음 한자의 훈(뜻)과 음(소리)을 쓰세요.

北

3 다음 한자의 훈(뜻)을 〈보기〉에서 찾아 그 번호를 쓰세요.

〈보기〉   ① 북녘   ② 동녘   ③ 남녘

北

정답 쓰기

1

2

훈 ─────────────

음 ─────────────

3

알쏭달쏭 북한말

북한에서도 우리와 같은 한글을 씁니다. 그러나 북한에서는 우리와 다른 단어를 사용하거나 단어가 같아도 뜻이 다른 경우가 있습니다.

알쏭달쏭한 북한말도 조금만 생각하면 어떤 뜻인지 알 수 있어요.

소젖

우유

꼬부랑 국수

라면

가락지빵

도넛

딱친구

단짝

얼음 보숭이(에스키모)

아이스크림

기름밥

볶음밥

발음 듣기

🇰🇷 北 북

🇨🇳 北 베이

🇯🇵 北 호쿠

오늘 배울 한자를 만나 봅시다.

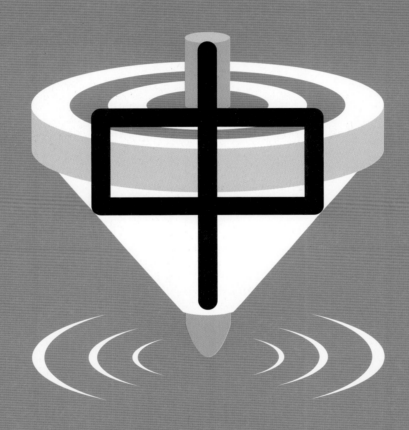

中 **가운데**를 뜻하고

중이라고 읽어요.

中 가운데
중

中 가운데 중

8급 | 부수 丨 | 총 4획

'가운데'를 뜻합니다. 양쪽 끝에서 거의 같은 거리가 떨어진 곳에 있을 때 '가운데'에 있다고 말합니다.

🐼 순서에 맞게 한자를 써 봅시다.

丨 口 口 中

가운데 중	가운데 중	가운데 중	가운데 중
가운데 중	가운데 중	가운데 중	가운데 중
가운데 중	가운데 중	가운데 중	가운데 중

오늘 배운 한자가 쓰인 단어의 뜻을 알아보고, 예문을 읽어 봅시다.

여름 **中 국**
國 나라 국

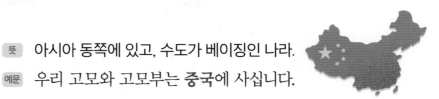

- 뜻 아시아 동쪽에 있고, 수도가 베이징인 나라.
- 예문 우리 고모와 고모부는 **중국**에 사십니다.

국어 **집 中**
集 모을 집

- 뜻 (1) 중심으로 모임. (2) 한 가지 일에 힘을 쏟음.
- 예문 바르게 앉아 선생님의 말씀에 **집중**합시다.

여름 **中 심**
心 마음 심

- 뜻 한가운데.
- 예문 나를 **중심**으로 해서 친척을 부르는 말을 배웠습니다.

급수 시험 유형 문제

정답 확인

1 다음 글의 ( ) 안에 있는 한자의 독음(읽는 소리)을 쓰세요.

식당에서 (中)국 음식을 먹었습니다.

2 다음 훈(뜻)에 알맞은 한자를 〈보기〉에서 찾아 그 번호를 쓰세요.

〈보기〉 ① 十   ② 日   ③ 中

가운데

3 다음 한자의 진하게 표시한 획은 몇 번째 쓰는지 〈보기〉에서 찾아 그 번호를 쓰세요.

中

〈보기〉
① 첫 번째   ② 두 번째
③ 세 번째   ④ 네 번째

정답 쓰기

1

2

3

[복습 한자] 十 열 십
日 날 일

가까운 이웃 나라, 중국

中 國

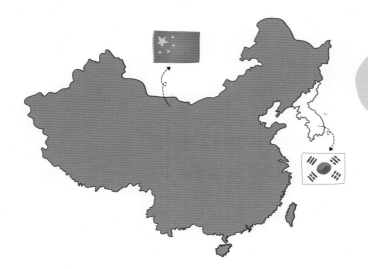

중국은 우리나라와 가까이에 있는 이웃 나라예요.

땅이 매우 넓으며 세계에서 가장 많은 사람이 살고 있어요.

Q1 중국의 수도는 어디일까요?

우리나라의 서울과 같은 중국의 수도는 베이징입니다.

Q2 중국의 인구는 몇 명일까요?

중국의 인구는 약 15억 명으로, 세계 인구 다섯 명 중 한 명은 중국인입니다.

Q3 중국에서는 어떻게 말할까요?

你好!
Nǐ hǎo!

중국에서 쓰는 중국어는 우리말과 다르게 발음의 높낮이가 있습니다.

발음 듣기

 中 중

 中 쯩

 中 츄-

한자 1-1 6주 1일 - 1

 오늘 배울 한자를 만나 봅시다.

옛날에 아버지는 사냥을 했어요.

父 **아비**를 뜻하고
부라고 읽어요.

父 아비 부

父 아비 부

| 8급 | 부수 父 | 총 4획 |

'아비'를 뜻합니다. '아비'는 아버지를 낮추어 부르는 말입니다.

순서에 맞게 한자를 써 봅시다.

丿 丷 丿 父

아비 부	아비 부	아비 부	아비 부
아비 부	아비 부	아비 부	아비 부
아비 부	아비 부	아비 부	아비 부

오늘 배운 한자가 쓰인 단어의 뜻을 알아보고, 예문을 읽어 봅시다.

안전
母 어미 모

뜻 아버지와 어머니.

예문 괴롭히는 친구가 있을 때는 **부모**님께 알려야 합니다.

여름
子 아들 자

뜻 아버지와 아들.

예문 우리 **부자**는 주말마다 함께 운동을 합니다.

국어
女 여자 녀

뜻 아버지와 딸.

예문 공원에서 **부녀**가 함께 공놀이를 하고 있습니다.

 급수 시험 유형 문제

정답 확인

1 다음 글의 ( ) 안에 있는 한자의 독음(읽는 소리)을 쓰세요.

(父)모님은 나를 사랑하십니다.

2 다음 밑줄 친 말에 해당하는 한자를 〈보기〉에서 찾아 그 번호를 쓰세요.

〈보기〉　　① 女　　　② 父　　　③ 子

<u>아버지</u>는 자전거를 타고 회사에 갑니다.

3 다음 한자의 훈(뜻)과 음(소리)을 쓰세요.

父

정답 쓰기

1

2

3

훈 -----------

음 -----------

부모님 말씀을 잘 들어요

 '부모 말을 들으면 자다가도 떡이 생긴다.'라는 말은 부모님의 말씀을 들으면 좋은 일이 생긴다는 뜻입니다. 부모님은 항상 우리가 잘 되기만을 바라시기 때문에 부모님의 말씀을 잘 듣고 따르면 반드시 좋은 일이 생길 것입니다.

 父 부

 父 푸

 父 후

오늘 배울 한자를 만나 봅시다.

母 **어미**를 뜻하고
모라고 읽어요.

母 어미 모

母 어미 모

| 8급 | 부수 毋 | 총 5획 |

'어미'를 뜻합니다. '어미'는 어머니를 낮추어 부르는 말입니다.

순서에 맞게 한자를 써 봅시다.

ㄴ 乌 乌 母 母

어미 모	어미 모	어미 모	어미 모
어미 모	어미 모	어미 모	어미 모
어미 모	어미 모	어미 모	어미 모

오늘 배운 한자가 쓰인 단어의 뜻을 알아보고, 예문을 읽어 봅시다.

여름 **이 母**
姨 이모 이

뜻 어머니의 언니나 여동생.

예문 **이모**가 결혼하면 나에게 **이모**부가 생깁니다.

가을 **母 녀**
女 여자 녀

뜻 어머니와 딸.

예문 **모녀**가 함께 채소를 사러 시장에 갔습니다.

국어 **母 자**
子 아들 자

뜻 어머니와 아들.

예문 사진 속 **모자**의 모습이 매우 행복해 보입니다.

급수 시험
유형 문제

정답 확인

1 다음 훈(뜻)에 알맞은 한자를 〈보기〉에서 찾아 그 번호를 쓰세요.

〈보기〉 ① 女 ② 王 ③ 母

어미

2 다음 음(소리)에 알맞은 한자를 〈보기〉에서 찾아 그 번호를 쓰세요.

〈보기〉 ① 父 ② 母 ③ 子

모

3 다음 한자의 훈(뜻)과 음(소리)을 쓰세요.

母

정답 쓰기

1

2

3

훈 _____

음 _____

[복습 한자] 王 임금 왕
父 아비 부

어머니의 가르침

옛날에 한석봉이라는 소년이 절에 들어가 공부를 하게 되었습니다.

다녀오겠습니다.

앞으로 10년 동안은 글씨 공부만 열심히 하여라.

3년 후

왜 벌써 돌아왔느냐?

어머니~

글씨 공부는 모두 끝났습니다. 이제부터는 어머니를 잘 모시겠습니다.

너의 글씨 실력이 얼마나 늘었는지 보자. 불을 끄고 나는 떡을 썰 테니 너는 글씨를 쓰거라.

불을 켜니 어머니가 썰어 놓은 떡의 크기는 모두 똑같았지만, 석봉이가 쓴 글씨는 삐뚤빼뚤 쓰여 있었습니다.

죄송합니다. 다시 돌아가서 열심히 공부하겠습니다.

그 후 석봉은 더욱 열심히 공부하여 훌륭한 사람이 되었습니다.

 발음 듣기

 母 모

母 무

 母 보

어제의 한자

母

훈   음
_____ _____

😊 오늘 배울 한자를 만나 봅시다.

兄 **형**을 뜻하고
    형이라고 읽어요.

兄 형 형

兄 형 형

| 8급 | 부수 儿 | 총 5획 |

‘형'을 뜻합니다. ‘형'은 같은 부모에게 태어난 형제자매 가운데 제일 나이가 많은 사람인 맏이를 가리킵니다.

🐼 순서에 맞게 한자를 써 봅시다.

丨 冂 冂 尸 兄

兄	兄	兄	兄
형 형	형 형	형 형	형 형

형 형	형 형	형 형	형 형

형 형	형 형	형 형	형 형

오늘 배운 한자가 쓰인 단어의 뜻을 알아보고, 예문을 읽어 봅시다.

여름  兄 제

弟 아우 제

뜻 형과 동생.

예문 가족사진 전시회에 우리 **형제**의 사진을 냈습니다.

국어  친 兄

親 친할 친

뜻 같은 부모에게서 태어난 형.

예문 나무꾼은 호랑이를 **친형**처럼 대했습니다.

봄  학 부 兄

學 배울 학   父 아비 부

뜻 학생의 부모나 보호자.

예문 입학식에 많은 **학부형**이 참석했습니다.

 급수 시험 유형 문제

정답 확인

1 다음 밑줄 친 말에 해당하는 한자를 〈보기〉에서 찾아 그 번호를 쓰세요.

〈보기〉   ① 兄   ② 父   ③ 子

다음 날 형과 아우는 서로 만났습니다.

2 다음 음(소리)에 알맞은 한자를 〈보기〉에서 찾아 그 번호를 쓰세요.

〈보기〉   ① 人   ② 弟   ③ 兄

형

3 다음 한자의 훈(뜻)과 음(소리)을 쓰세요.

兄

정답 쓰기

1

2

3

훈 _____

음 _____

[복습 한자] 子 아들 자
人 사람 인

사이좋은 형제 이야기

옛날 어느 마을에 사이좋은 형제가 살았습니다. 형제는 부모님이 물려주신 땅에 농사를 지어 곡식을 반으로 나누어 가졌습니다.

> 형은 결혼해서 아이들도 있는데, 곡식이 부족하지 않을까? 밤에 몰래 형의 집을 찾아가 곡식을 나누어 주고 와야겠어.

> 동생이 앞으로 결혼을 하려면 나보다 돈이 더 필요할테니 곡식을 나누어 줘야겠다! 동생 몰래 곡식을 동생에게 나누어 주고 와야지!

다음 날, 곡식이 줄지 않고 그대로 있는 것을 본 형과 동생은 이상하다고 생각했습니다. 그리고 그날 밤 다시 서로의 집에 갔고, 그다음 날에도 곡식을 가지고 서로의 집에 갔습니다.

그러던 어느 날, 형과 동생은 곡식을 가지고 서로의 집으로 가다가 마주쳤습니다. 자신의 곡식이 왜 줄지 않고 그대로였는지를 알게 된 형제는 고마운 마음에 서로를 안고 엉엉 울었습니다.

 兄 형

 兄 씨옹

兄 쿄-

 오늘 배울 한자를 만나 봅시다.

弟　**아우**를 뜻하고
제라고 읽어요.

弟　아우 제

弟 아우 제

8급 | 부수 弓 | 총 7획

'아우'를 뜻합니다. '아우'는 같은 부모에게 태어난 형제자매 가운데 나이가 어린 동생을 가리킵니다. '제자'를 뜻하기도 합니다.

🐼 순서에 맞게 한자를 써 봅시다.

` ´´ ¼ ¼ 弟 弟 弟

아우 제	아우 제	아우 제	아우 제
아우 제	아우 제	아우 제	아우 제
아우 제	아우 제	아우 제	아우 제

오늘 배운 한자가 쓰인 단어의 뜻을 알아보고, 예문을 읽어 봅시다.

국어
弟 자
子 아들 자

- 뜻 선생님에게 배우는 사람.
- 예문 선생님은 **제자**에게 웃으며 인사했습니다.

봄
사 弟
師 스승 사

- 뜻 선생님과 학생.
- 예문 선생님과 학생이 함께하는 **사제** 운동회가 열렸습니다.

여름
형 弟 자 매
兄 형 형   姉 손윗누이 자   妹 누이 매

- 뜻 남자 형제와 여자 형제.
- 예문 나의 **형제자매**를 소개하는 가족 소개 카드를 만들었습니다.

급수 시험 유형 문제

정답 확인

1 다음 글의 ( ) 안에 있는 한자의 독음(읽는 소리)을 쓰세요.

옆집에는 쌍둥이 형(弟)가 살고 있습니다.

2 다음 한자의 훈(뜻)을 〈보기〉에서 찾아 그 번호를 쓰세요.

| 〈보기〉 | ① 형 | ② 아우 | ③ 사람 |

弟

3 다음 한자의 진하게 표시한 획은 몇 번째 쓰는지 〈보기〉에서 찾아 그 번호를 쓰세요.

| 〈보기〉 | ① 두 번째 | ② 세 번째 |
| | ③ 네 번째 | ④ 다섯 번째 |

정답 쓰기
1
2
3

형제자매를 연결해요

兄 弟 姉 妹

🐾 그림에 알맞은 단어를 찾아 연결해 봅시다.

①

ㄱ
형제
형과 남동생.

②

ㄴ
자매
언니와 여동생.

③

ㄷ
형제자매
남자 형제와 여자 형제.

발음 듣기

🇰🇷 弟 제

🇨🇳 弟 띠

🇯🇵 弟 테-

어제의 한자

弟

훈 음

🐼 오늘 배울 한자를 만나 봅시다.

밤이 되자 바깥에 가로등이 켜졌어요.

外

外 **바깥**을 뜻하고
외 라고 읽어요.

外 바깥 외

外 바깥 외

| 8급 | 부수 夕 | 총 5획 |

'바깥'을 뜻합니다. '바깥'은 기준이 되는 선을 넘어간 공간을 가리킵니다.

 순서에 맞게 한자를 써 봅시다.

丿 夕 夕 夘 外

바깥 외	바깥 외	바깥 외	바깥 외
바깥 외	바깥 외	바깥 외	바깥 외
바깥 외	바깥 외	바깥 외	바깥 외

오늘 배운 한자가 쓰인 단어의 뜻을 알아보고, 예문을 읽어 봅시다.

안전 **야 外**
野 들 야

뜻 (1) 들판. (2) 집 밖.
예문 **야외** 체험 학습을 안전하게 다녀왔습니다.

여름 **外 국**
國 나라 국

뜻 다른 나라.
예문 우리 이모는 **외국**으로 여행 가는 것을 좋아합니다.

국어 **外 과**
科 과목 과

뜻 상처나 병을 수술로 치료하는 의학 분야.
예문 노루 아저씨는 토끼를 **외과**에 데려다주었습니다.

급수 시험 유형 문제

정답 확인

1 다음 한자의 훈(뜻)과 음(소리)을 쓰세요.

外

2 다음 한자의 음(소리)을 〈보기〉에서 찾아 그 번호를 쓰세요.

〈보기〉 　① 외 　　② 우 　　③ 내

外

3 다음 한자의 진하게 표시한 획은 몇 번째 쓰는지 〈보기〉에서 찾아 그 번호를 쓰세요.

〈보기〉 ① 두 번째 　② 세 번째
③ 네 번째 　④ 다섯 번째

정답 쓰기

1
훈 _____
음 _____

2

3

한자 '外'를 찾아요
외

🐾 '바깥'을 뜻하는 한자를 찾아 색칠하고, 숨겨진 그림의 번호를 써 봅시다.

兄	外	外	外	弟	父	外	外	外	兄
外	弟	父	外	兄	弟	外	母	母	外
外	兄	弟	父	外	外	母	外	弟	外
外	弟	母	兄	弟	母	母	兄	父	外
外	母	父	父	兄	母	父	兄	母	外
外	兄	母	母	兄	父	弟	母	兄	外
父	外	兄	母	兄	父	母	兄	外	母
弟	父	外	弟	母	母	兄	外	父	弟
弟	兄	母	外	弟	父	外	弟	兄	母
父	母	兄	弟	外	外	兄	母	弟	父

❶ ⬤   ❷ ♥   ❸ ▲   ❹ ★

 발음 듣기

外 외   外 와이   外 가이

오늘 배울 한자를 만나 봅시다.

나무 목

木 나무를 뜻하고
목이라고 읽어요.

木 나무 목

木 나무 목

| 8급 | 부수 木 | 총 4획 |

나무 모양을 따라 만든 글자로, '나무'를 뜻합니다.

순서에 맞게 한자를 써 봅시다.

一 十 才 木

木	木	木	木
나무 목	나무 목	나무 목	나무 목
나무 목	나무 목	나무 목	나무 목
나무 목	나무 목	나무 목	나무 목

오늘 배운 한자가 쓰인 단어의 뜻을 알아보고, 예문을 읽어 봅시다.

여름 | **木 수**
手 손 수

뜻 나무로 물건을 만드는 사람.
예문 우리 아빠의 직업은 **목수**입니다.

수학 | **木 마**
馬 말 마

뜻 나무로 만든 말.
예문 회전**목마**를 타려고 몇 명이 줄을 섰는지 세어 봅시다.

봄 | **木 련**
蓮 연꽃 련

뜻 이른 봄에 피는 크고 흰 꽃.
예문 봄이 되자 학교 주변에 **목련**이 피었습니다.

 급수 시험
유형 문제

정답 확인

1 다음 글의 ( ) 안에 있는 한자의 독음(읽는 소리)을 쓰세요.

4월 5일은 식(木)일입니다.

2 다음 밑줄 친 말에 해당하는 한자를 <보기>에서 찾아 그 번호를 쓰세요.

<보기>   ① 水   ② 木   ③ 大

벌써 은행나무가 노랗게 물드는 가을입니다.

3 다음 한자의 훈(뜻)과 음(소리)을 쓰세요.

木

정답 쓰기

1

2

3

훈 ------------

음 ------------

[복습 한자] 水 물 수
大 큰 대

나무는 소중해요

 나무가 우리에게 어떤 도움을 주고 있는지 알아볼까요?

더러워진 공기를 흡수하고, 깨끗한 공기를 만들어 줍니다.

동물들이 살아갈 수 있는 장소가 되어 줍니다.

맛있는 열매를 줍니다.

휴지, 책상, 종이 같은 것을 만들 수 있는 재료가 되어 줍니다.

비가 오면 물을 저장하여 홍수가 나지 않게 해 주고, 비가 오지 않으면 모아 두었던 물을 내보냅니다.

 木 목

 木 무

 木 모쿠

 오늘 배울 한자를 만나 봅시다.

金 **쇠**를 뜻하고
금이라고 읽어요.

金 쇠금

金 쇠 금/성 김 { '쇠'나 '금'을 뜻합니다. 사람의 '성씨'를 뜻하기도 합니다. }

| 8급 | 부수 金 | 총 8획 |

🐼 **순서에 맞게 한자를 써 봅시다.**

丿 𠆢 人 𠂇 𠆢 全 余 金 金

金	金	金	金
쇠금/성김	쇠금/성김	쇠금/성김	쇠금/성김
쇠금/성김	쇠금/성김	쇠금/성김	쇠금/성김
쇠금/성김	쇠금/성김	쇠금/성김	쇠금/성김

오늘 배운 한자가 쓰인 단어의 뜻을 알아보고, 예문을 읽어 봅시다.

국어 **황 金**

黃 누를 황 　 쇠 금

뜻 누런색의 금.

예문 용왕은 **황금**으로 만든 왕관을 쓰고 있습니다.

국어 **저 金**

貯 쌓을 저 　 쇠 금

뜻 (1) 돈을 모음. (2) 은행에 돈을 맡김.

예문 은행에 가서 2만 원을 **저금**했습니다.

봄 **金 씨**

성 김 　 氏 성씨 씨

뜻 성이 김(金)씨인 사람.

예문 내 짝은 **김씨**이고, 이름은 미래입니다.

 급수 시험 유형 문제

정답 확인

1 다음 글의 ( ) 안에 있는 한자의 독음(읽는 소리)을 쓰세요.

　　농부는 거위 배 속에 황(金) 알이 있다고 생각했습니다.

2 다음 훈(뜻)에 알맞은 한자를 〈보기〉에서 찾아 그 번호를 쓰세요.

〈보기〉　　① 金　　　② 東　　　③ 南

쇠

3 다음 한자의 진하게 표시한 획은 몇 번째 쓰는지 〈보기〉에서 찾아 그 번호를 쓰세요.

金

〈보기〉　① 네 번째　　② 다섯 번째
　　　　③ 여섯 번째　④ 일곱 번째

정답 쓰기
1
2
3

[복습 한자] 東 동녘 동
南 남녘 남

한자 '金'을 공부해요
금 / 김

🐾 설명이 바른 연잎의 번호를 모두 써 봅시다.

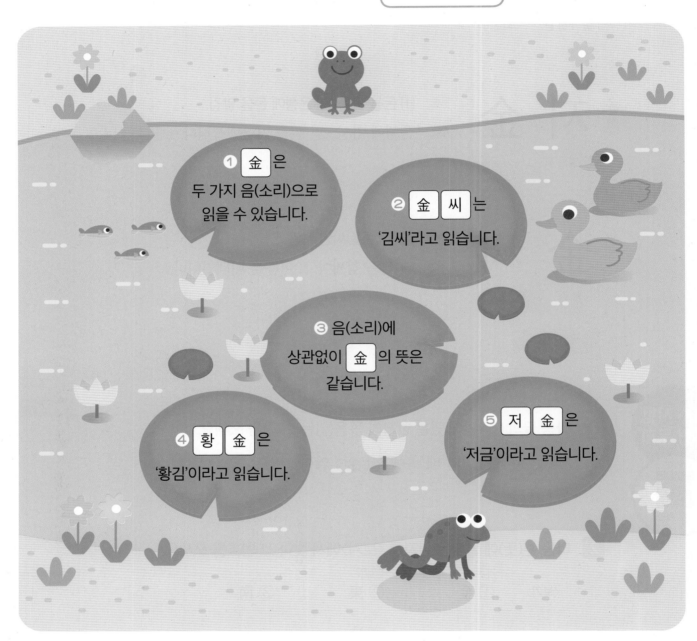

한중일 한자

🇰🇷 金 금/김   🇨🇳 金 찐   🇯🇵 金 킨

오늘 배울 한자를 만나 봅시다.

土 흙을 뜻하고
    토라고 읽어요.

土 흙토

土

흙 **토**

| 8급 | 부수 土 | 총 3획 |

땅의 흙덩이 모양을 따라 만든 글자로, '흙'을 뜻합니다.

🐼 순서에 맞게 한자를 써 봅시다.

| 一 十 土 |

土	土	土	土
흙 토	흙 토	흙 토	흙 토
흙 토	흙 토	흙 토	흙 토
흙 토	흙 토	흙 토	흙 토

오늘 배운 한자가 쓰인 단어의 뜻을 알아보고, 예문을 읽어 봅시다.

봄  土 지

地 땅 지

> 뜻 땅.
> 예문 영양분이 많은 **토지**에서 새싹이 잘 자랍니다.

여름  농 土

農 농사 농

> 뜻 농사를 짓는 땅.
> 예문 비가 많이 와서 **농토**가 물에 잠겼습니다.

국어  국 土

國 나라 국

> 뜻 나라의 땅.
> 예문 우리나라 **국토**의 모양은 호랑이를 닮았습니다.

급수 시험 유형 문제

정답 확인

1 다음 밑줄 친 말에 해당하는 한자를 〈보기〉에서 찾아 그 번호를 쓰세요.

〈보기〉 ① 土 　　 ② 王 　　 ③ 五

새싹이 <u>흙</u> 사이로 고개를 내밀었습니다.

2 다음 음(소리)에 알맞은 한자를 〈보기〉에서 찾아 그 번호를 쓰세요.

〈보기〉 ① 地 　　 ② 土 　　 ③ 王

토

3 다음 한자의 훈(뜻)과 음(소리)을 쓰세요.

土

정답 쓰기

1

2

3

훈 ----------

음 ----------

[복습 한자] 王 임금 왕
　　　　　　五 다섯 오

흙에 사는 지렁이

흙에서 사는 지렁이는 눈, 코, 귀가 없고, 피부의 느낌이나 빛과 냄새로 다른 동물의 움직임을 알아내요.

Q1 지렁이는 땅속에서 어떤 일을 하나요?

지렁이는 흙 속을 돌아다니며 흙이 잘 섞이도록 도와줍니다. 또한, 지렁이의 똥에는 영양분이 많아 흙을 건강하게 해 줍니다.

Q2 비가 오는 날에 지렁이는 왜 땅 위로 올라오나요?

지렁이는 비가 내리면 흙에서 나와 땅 위로 올라오는데, 그 이유는 물을 좋아해서가 아니라 흙 속에 물이 가득 차 숨을 쉴 수 없기 때문입니다.

이렇게 땅 위로 올라온 지렁이는 햇빛에 매우 약합니다. 지렁이가 햇빛을 받으면, 피부에 독이 생겨 결국 죽게 됩니다.

누가 나를 흙 속으로 옮겨 주세요.

발음 듣기

 土 토

 土 투

 土 도

오늘 배울 한자를 만나 봅시다.

青 푸르다를 뜻하고
청이라고 읽어요.

青 푸를 청

靑

푸를 청

| 8급 | 부수 靑 | 총 8획 |

빛깔이 '푸르다'는 뜻입니다. 푸른색은 맑은 가을 하늘이나 깊은 바다처럼 파란색을 가리킵니다.

 순서에 맞게 한자를 써 봅시다.

一 二 丰 圭 丰 靑 靑 靑

靑	靑	靑	靑
푸를 청	푸를 청	푸를 청	푸를 청
푸를 청	푸를 청	푸를 청	푸를 청
푸를 청	푸를 청	푸를 청	푸를 청

오늘 배운 한자가 쓰인 단어의 뜻을 알아보고, 예문을 읽어 봅시다.

국어 **靑군**
軍 군사 군

뜻 색으로 편을 나눌 때, 푸른색 쪽의 편.
예문 **청군**과 백군으로 나누어 공 놀이를 했습니다.

국어 **靑와대**
瓦 기와 와　臺 대 대

뜻 우리나라 대통령이 살면서 일하는 곳.
예문 **청와대**에 다녀온 일을 그림일기로 썼습니다.

안전 **靑소년**
少 적을 소　年 해 년

뜻 어른이 되지 않은 젊은 사람.
예문 **청소년**을 위한 안전 체험 행사가 열렸습니다.

급수 시험
유형 문제

정답 확인

1 다음 글의 (　) 안에 있는 한자의 독음(읽는 소리)을 쓰세요.

이번 경기는 (靑)군이 이겼습니다.

2 다음 한자의 훈(뜻)과 음(소리)을 쓰세요.

靑

3 다음 한자의 진하게 표시한 획은 몇 번째 쓰는지 〈보기〉에서 찾아
그 번호를 쓰세요.

靑

〈보기〉　① 네 번째　② 다섯 번째
③ 여섯 번째　④ 일곱 번째

정답 쓰기

1

2

훈 --------------

음 --------------

3

대통령의 집, 청와대

青 瓦 臺

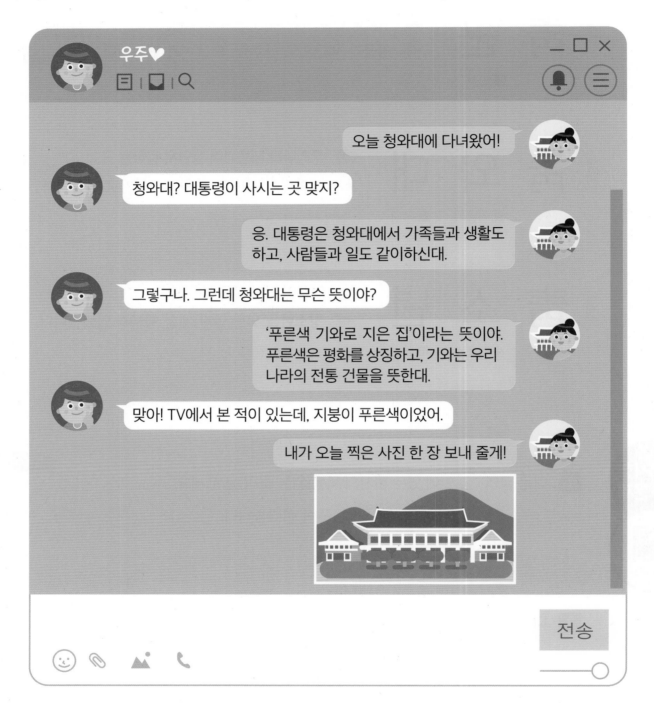

우주♥

오늘 청와대에 다녀왔어!

청와대? 대통령이 사시는 곳 맞지?

응. 대통령은 청와대에서 가족들과 생활도 하고, 사람들과 일도 같이하신대.

그렇구나. 그런데 청와대는 무슨 뜻이야?

'푸른색 기와로 지은 집'이라는 뜻이야. 푸른색은 평화를 상징하고, 기와는 우리 나라의 전통 건물을 뜻한대.

맞아! TV에서 본 적이 있는데, 지붕이 푸른색이었어.

내가 오늘 찍은 사진 한 장 보내 줄게!

전송

발음 듣기

🇰🇷 青 청

🇨🇳 青 칭

🇯🇵 青 세-

어제의 한자

青
훈 음

 오늘 배울 한자를 만나 봅시다.

白 **희다**를 뜻하고
백이라고 읽어요.

白 흰 백

白 **흰백**

8급 | 부수 白 | 총 5획

빛깔이 '희다'는 뜻입니다. 흰색은 눈이나 우유처럼 밝고 하얀색을 가리킵니다.

🐼 **순서에 맞게 한자를 써 봅시다.**

丿 亻 冋 白 白

흰 백	흰 백	흰 백	흰 백
흰 백	흰 백	흰 백	흰 백
흰 백	흰 백	흰 백	흰 백

오늘 배운 한자가 쓰인 단어의 뜻을 알아보고, 예문을 읽어 봅시다.

수학 | 白 조
鳥 새 조

뜻 몸이 크고 온몸이 흰색인 물새.
예문 엄마 **백조**의 수와 새끼 **백조**의 수를 모두 더해 봅시다.

여름 | 白 군
軍 군사 군

뜻 색으로 편을 가를 때, 흰색 쪽의 편.
예문 물 모으기 놀이에서 **백군**이 이겼습니다.

여름 | 흑 白
黑 검을 흑

뜻 검은색과 흰색.
예문 가족사진 발표회에 **흑백** 사진을 가져갔습니다.

급수 시험 유형 문제

정답 확인

1 다음 훈(뜻)에 알맞은 한자를 〈보기〉에서 찾아 그 번호를 쓰세요.

〈보기〉 ① 日 ② 中 ③ 白

흰

2 다음 한자의 훈(뜻)과 음(소리)을 쓰세요.

白

3 다음 한자의 음(소리)을 〈보기〉에서 찾아 그 번호를 쓰세요.

〈보기〉 ① 백 ② 흰 ③ 청

白

정답 쓰기

1

2

훈 _____

음 _____

3

[복습 한자] 日 날 일
中 가운데 중

점을 이어 백조를 완성해요

🐾 숫자 1부터 45까지의 점을 차례로 이어 백조를 완성해 봅시다.

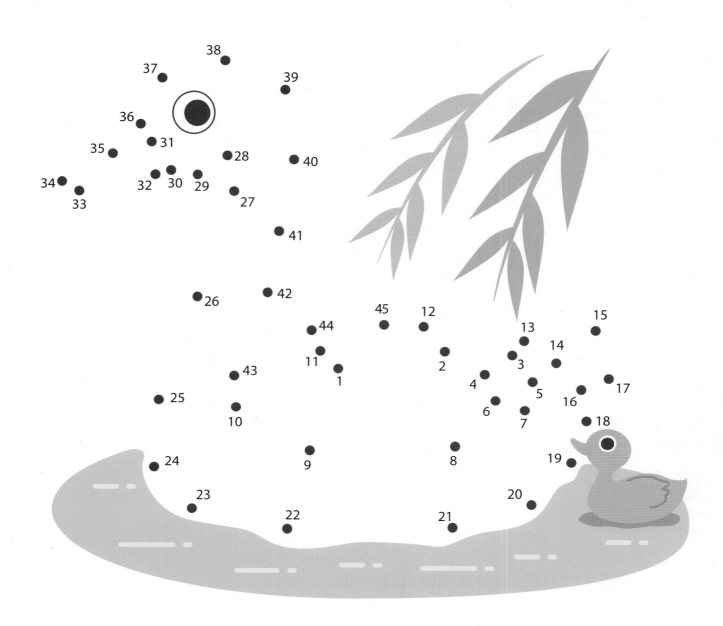

 白 백

 白 바이

 白 하쿠

오늘 배울 한자를 만나 봅시다.

長 길다를 뜻하고
장이라고 읽어요.

長 긴 장

長

긴 장

| 8급 | 부수 長 | 총 8획 |

{ 길이가 '길다'는 뜻입니다. 모임이나
단체의 '우두머리'를 뜻하기도 합니다. }

🐼 순서에 맞게 한자를 써 봅시다.

| 丨 | 丨 | 丆 | 丨 | 드 | 듀 | 長 | 長 |

長	長	長	長
긴 장	긴 장	긴 장	긴 장

긴 장	긴 장	긴 장	긴 장

긴 장	긴 장	긴 장	긴 장

오늘 배운 한자가 쓰인 단어의 뜻을 알아보고, 예문을 읽어 봅시다.

봄
成 이룰 성

뜻 자라서 점점 커짐.
예문 식물이 **성장**하는 모습을 살펴봅시다.

봄
點 점 점

뜻 좋거나 잘하는 점.
예문 친구의 **장점**에 대해 이야기해 봅시다.

봄
校 학교 교

뜻 학교에서 학교일을 책임지는 사람.
예문 **교장**실은 **교장** 선생님이 계시는 곳입니다.

급수 시험 유형 문제

정답 확인

1 다음 글의 ( ) 안에 있는 한자의 독음(읽는 소리)을 쓰세요.

비가 많이 와서 (長)화를 신고 나갔습니다.

2 다음 밑줄 친 말에 해당하는 한자를 〈보기〉에서 찾아 그 번호를 쓰세요.

〈보기〉 ① 靑 ② 長 ③ 東

소녀는 긴 머리를 예쁘게 묶었습니다.

3 다음 한자의 훈(뜻)과 음(소리)을 쓰세요.

長

정답 쓰기

1

2

3

훈 _____

음 _____

[복습 한자] 靑 푸를 청
東 동녘 동

오늘도 쑥쑥 성장해요

成 長

🐾 성장을 도와주는 음식

밥은 아침, 점심, 저녁을 거르지 않고 정해진 시간에 먹습니다. 자신이 좋아하는 음식만 골라 먹지 않고, 골고루 먹는 것이 중요합니다.

| 우유 | 채소 | 과일 | 생선 | 달걀 |

🐾 성장을 도와주는 운동

운동은 일주일에 세 번, 30분에서 1시간 정도 꾸준하게 하는 것이 중요합니다. 너무 무거운 물건을 이용하여 운동하는 것은 좋지 않습니다.

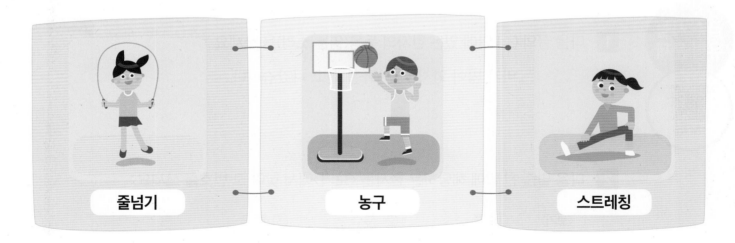

| 줄넘기 | 농구 | 스트레칭 |

 발음 듣기

 長 장

 长 챵

 長 쵸-

 오늘 배울 한자를 만나 봅시다.

寸 마디를 뜻하고
촌이라고 읽어요.

寸 마디 촌

寸　마디 촌

| 8급 | 부수 寸 | 총 3획 |

'마디'를 뜻합니다. '마디'는 대나무 줄기에서 가지나 잎이 나오는 잘록한 부분을 가리킵니다.

🐼 **순서에 맞게 한자를 써 봅시다.**

一 寸 寸

마디 촌	마디 촌	마디 촌	마디 촌
마디 촌	마디 촌	마디 촌	마디 촌
마디 촌	마디 촌	마디 촌	마디 촌

오늘 배운 한자가 쓰인 단어의 뜻을 알아보고, 예문을 읽어 봅시다.

여름

三 석 삼

뜻 결혼하지 않은 아버지의 형이나 남동생.
예문 어머니의 오빠나 남동생을 외**삼촌**이라 부릅니다.

여름

數 셈 수

뜻 친척 사이의 가깝고 먼 관계를 나타내는 수.
예문 엄마는 가족사진을 보며 **촌수**를 알려 주셨습니다.

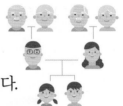

여름

八 여덟 팔

뜻 나와의 촌수가 팔촌이 되는 친척.
예문 삼촌의 결혼식에서 처음으로 **팔촌** 언니를 만났습니다.

 급수 시험 유형 문제

정답 확인

1 다음 훈(뜻)에 알맞은 한자를 〈보기〉에서 찾아 그 번호를 쓰세요.

〈보기〉　　① 八　　　② 寸　　　③ 小

마디

2 다음 음(소리)에 알맞은 한자를 〈보기〉에서 찾아 그 번호를 쓰세요.

〈보기〉　　① 三　　　② 七　　　③ 寸

촌

3 다음 한자의 훈(뜻)과 음(소리)을 쓰세요.

寸

정답 쓰기

1

2

3

훈 ------------------

음 ------------------

[복습 한자] 小 작을 소
七 일곱 칠

가족의 촌수를 계산해요

寸 數

할아버지, 할머니

촌수는 친척과의 가깝고 먼 정도를 숫자를 이용하여 나타내는 것이에요. 화살표 한 마디가 1촌이에요.

아빠, 엄마

삼촌, 고모, 이모

나

오빠(형), 언니(누나), 동생

사촌 형제

Q1 동생과 나는 몇 촌인가요?

나와 동생은 부모님으로 이어져 있는 관계입니다. 나와 부모님의 촌수인 1촌에 동생과 부모님의 촌수인 1촌을 더해야 합니다. 따라서 나와 동생의 촌수는 2촌입니다.

Q2 삼촌과 나는 정말 3촌인가요?

네, 맞습니다. 삼촌은 아버지의 형제로 아버지와 삼촌은 2촌이고, 아버지와 나는 1촌입니다. 따라서 나와 삼촌의 촌수는 2촌에 1촌을 더한 3촌입니다.

한중일 한자

발음 듣기

寸 촌

寸 춘

寸 슨

 오늘 배울 한자를 만나 봅시다.

한자 1-1 8주 3일 - 1

先 **먼저**를 뜻하고
선이라고 읽어요.

先 먼저 선

先 먼저 선

8급 | 부수 儿 | 총 6획

'먼저'를 뜻합니다. '먼저'는 시간이나 순서가 다른 것보다 앞에 있다는 뜻입니다.

🐼 **순서에 맞게 한자를 써 봅시다.**

丿 ㄴ ㅑ 生 牛 先

먼저 선	먼저 선	먼저 선	먼저 선
먼저 선	먼저 선	먼저 선	먼저 선
먼저 선	먼저 선	먼저 선	먼저 선

오늘 배운 한자가 쓰인 단어의 뜻을 알아보고, 예문을 읽어 봅시다.

안전 **先 생**
生 날 생

> 뜻 학생을 가르치는 사람.
>
> 예문 **선생**님의 안내에 따라 교실에서 차례로 빠져나갑니다.

수학 **先 두**
頭 머리 두

> 뜻 맨 앞.
>
> 예문 미래는 아홉 명 중 **선두**로 결승선에 들어왔습니다.

결승선

국어 **先 배**
輩 무리 배

> 뜻 자신보다 나이가 많거나 학교를 먼저 입학한 사람.
>
> 예문 하굣길에 **선배**를 만나 반갑게 인사를 나누었습니다.

급수 시험
유형 문제

정답 확인

1 다음 글의 ( ) 안에 있는 한자의 독음(읽는 소리)을 쓰세요.

(先)생님께 카네이션을 달아 드렸습니다.

2 다음 밑줄 친 말에 해당하는 한자를 〈보기〉에서 찾아 그 번호를 쓰세요.

〈보기〉	① 生	② 年	③ 先

약속 장소에 제일 <u>먼저</u> 도착했습니다.

3 다음 한자의 진하게 표시한 획은 몇 번째 쓰는지 〈보기〉에서 찾아 그 번호를 쓰세요.

先

〈보기〉	① 세 번째	② 네 번째
	③ 다섯 번째	④ 여섯 번째

정답 쓰기

1
2
3

[예습 한자] 年 해 년

어린이의 친구, 방정환 선생님

先 生

 방정환 선생님은 어린이들을 위해 어떤 일을 하셨나요?

'어린이'라는 말을 처음으로 사용하셨습니다.

너희들은 모두 소중한 어린이야.

1922년 '어린이날'을 처음 만드셨습니다. 당시에는 어린이날이 5월 1일이었습니다.

어린이들이 재미있게 읽을 수 있는 동화와 시를 많이 만드셨습니다.

우리나라 최초의 순수 어린이 잡지인 《어린이》를 만드셨습니다.

어린이를 사랑했던 방정환 선생님은 우리나라 어린이들이 보호받고 존중받으며 살 수 있도록 노력하셨습니다.

先 선   先 씨엔   先 센

 오늘 배울 한자를 만나 봅시다.

生 나다를 뜻하고
생이라고 읽어요.

生 날 생

生

날 생

8급 | 부수 生 | 총 5획

땅 위에 솟아 나온 새싹의 모습을 나타낸 글자로, '나다'를 뜻합니다. '나다'는 태어나다는 뜻입니다.

🐼 **순서에 맞게 한자를 써 봅시다.**

丿 ㅏ ㅏ 牛 生

生	生	生	生
날 생	날 생	날 생	날 생
날 생	날 생	날 생	날 생
날 생	날 생	날 생	날 생

오늘 배운 한자가 쓰인 단어의 뜻을 알아보고, 예문을 읽어 봅시다.

봄 生명
命 목숨 명

뜻 살아서 숨 쉬고 움직이게 하는 힘.
예문 **생명**의 소중함을 알아봅시다.

여름 生신
辰 때 신

뜻 생일의 높임말.
예문 할머니 **생신**에 함께 모였던 가족을 그림으로 그렸습니다.

봄 生물
物 물건 물

뜻 생명이 있는 동물과 식물.
예문 봄에 볼 수 있는 **생물**을 찾아봅시다.

급수 시험 유형 문제

정답 확인

1 다음 글의 ( ) 안에 있는 한자의 독음(읽는 소리)을 쓰세요.

작은 (生)명도 소중히 생각해야 합니다.

2 다음 한자의 훈(뜻)과 음(소리)을 쓰세요.

生

3 다음 한자의 훈(뜻)을 〈보기〉에서 찾아 그 번호를 쓰세요.

〈보기〉 ① 나다 ② 흙 ③ 먼저

生

정답 쓰기
1

2

훈
음

3

생신은 생일의 높임말이에요

 生 辰

높임말은 자신보다 나이가 많은 어른에게 예의 바르게 말할 때 사용하는 말이에요.

생일	→	생신
이름	→	성함
말	→	말씀
밥	→	진지

나이	→	연세
자다	→	주무시다
아프다	→	편찮다
있다	→	계시다

발음 듣기

生 생

生 셩

生 세-

8주 5일

공부한 날

月　日

어제의 한자

生

훈　음

_____ _____

오늘 배울 한자를 만나 봅시다.

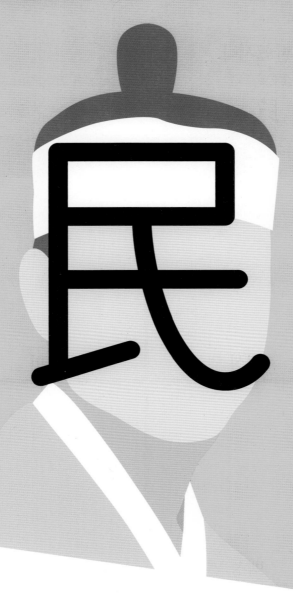

民 **백성**을 뜻하고

민이라고 읽어요.

民 백성 민

民

백성 민

8급 | 부수 氏 | 총 5획

나라를 이루는 '백성'을 뜻합니다. '백성'은 국민을 예스럽게 이르는 말입니다.

 순서에 맞게 한자를 써 봅시다.

コ ユ P F 民

백성 민	백성 민	백성 민	백성 민
백성 민	백성 민	백성 민	백성 민
백성 민	백성 민	백성 민	백성 민

오늘 배운 한자가 쓰인 단어의 뜻을 알아보고, 예문을 읽어 봅시다.

국어 **民족**
族 겨레 족

뜻 오랫동안 함께 살며 같은 언어와 문화를 가진 사람들.

예문 태권도는 우리 **민족** 전통 무술입니다.

국어 **民속**
俗 풍속 속

뜻 옛날부터 전해져 내려온 생활 습관.

예문 윷놀이는 우리나라 **민속**놀이입니다.

안전 **국民**
國 나라 국

뜻 나라를 이루는 사람들.

예문 **국민** 모두 안전한 생활에 대해 배우고 익혀야 합니다.

급수 시험 유형 문제

정답 확인

1 다음 훈(뜻)에 알맞은 한자를 〈보기〉에서 찾아 그 번호를 쓰세요.

〈보기〉   ① 先   ② 民   ③ 兄

백성

2 다음 한자의 음(소리)을 〈보기〉에서 찾아 그 번호를 쓰세요.

〈보기〉   ① 민   ② 인   ③ 백

民

3 다음 한자의 진하게 표시한 획은 몇 번째 쓰는지 〈보기〉에서 찾아 그 번호를 쓰세요.

民

〈보기〉   ① 첫 번째   ② 두 번째
         ③ 세 번째   ④ 네 번째

정답 쓰기

1

2

3

[복습 한자] 先 먼저 선
兄 형 형

즐거운 민속놀이

(民) (俗)

🐾 **설명에 알맞은 그림을 찾아 연결해 봅시다.**

① **강강술래**
여러 사람이 손을 맞잡고 둥글게 돌면서 노래하는 놀이.

ㄱ

② **연날리기**
다양한 모양의 연을 만들어 하늘로 날려 보내는 놀이.

ㄴ

③ **팽이치기**
팽이를 채로 쳐서 돌리는 놀이.

ㄷ

④ **널뛰기**
긴 판의 양쪽 끝에 한 사람씩 올라서서 번갈아 뛰어 오르는 놀이.

ㄹ

발음 듣기

🇰🇷 民 민   🇨🇳 民 민   🇯🇵 民 민

오늘 배울 한자를 만나 봅시다.

萬 일만을 뜻하고
만이라고 읽어요.

萬 일만 만

萬

일만 **만**

| 8급 | 부수 ++ | 총 13획 |

천의 열 배가 되는 수인 '만'을 뜻합니다. 숫자의 단위는 일부터 십, 백, 천, 만으로 나아갑니다.

 순서에 맞게 한자를 써 봅시다.

一 十 十 艹 艹 苎 苬 苗 莒 莒 萬 萬 萬

일만 만	일만 만	일만 만	일만 만
일만 만	일만 만	일만 만	일만 만
일만 만	일만 만	일만 만	일만 만

오늘 배운 한자가 쓰인 단어의 뜻을 알아보고, 예문을 읽어 봅시다.

봄  萬 세
歲 해 세

뜻 두 손을 높이 들면서 외치는 소리.

예문 숨겨진 보물 종이를 찾고 **만세**를 외쳤습니다.

국어  천 萬
千 일천 천

뜻 (1) 만의 천 배가 되는 수. (2) 아주 많은 수.

예문 우리나라의 인구는 오**천만** 명입니다.

봄  萬 물
物 물건 물

뜻 세상에 있는 모든 것.

예문 따뜻한 봄이 되면 **만물**이 깨어납니다.

급수 시험
유형 문제

정답 확인

1 다음 글의 ( ) 안에 있는 한자의 독음(읽는 소리)을 쓰세요.

수(萬) 년 전의 동물 화석이 발견되었습니다.

2 다음 한자의 훈(뜻)과 음(소리)을 쓰세요.

萬

3 다음 한자의 훈(뜻)을 〈보기〉에서 찾아 그 번호를 쓰세요.

| 〈보기〉 | ① 일백 | ② 일천 | ③ 일만 |

萬

정답 쓰기

1

2

훈 ------------

음 ------------

3

만세를 외친 유관순 열사

 萬 歲

1919년 3월 1일, 우리나라 사람들은 일본에 저항하며 '대한 독립 만세'를 외쳤습니다.

평범한 학생이었던 유관순 열사는 친구들과 함께 사람들을 이끌고 만세 운동에 나섰습니다. 밤새 태극기를 만들어 사람들에게 나누어 주었고, 유관순 열사의 외침에 3천여 명의 사람들은 함께 만세를 불렀습니다.

이제 우리나라를 되찾읍시다! 대한 독립 만세!

"빵! 빵! 빵! 빵!"

일본 경찰들은 만세 운동을 한 사람들에게 총을 쏘고, 체포하였습니다.

누가 시켰느냐? 어린 여자아이가 할 수 있는 일이 아니다.

나는 내 나라에서 당당한 일을 했을 뿐이다!

유관순 열사 또한 경찰에 붙잡혀 어려움을 겪었습니다. 그러나 유관순 열사는 힘든 상황에서도 나라를 생각하는 마음을 잃지 않고 독립을 외쳤습니다.

발음 듣기

🇰🇷 萬 만　　　🇨🇳 万 완　　　🇯🇵 万 만

어제의 한자

萬

훈 음
_____ _____

오늘 배울 한자를 만나 봅시다.

2025

年

年 **해**를 뜻하고
년이라고 읽어요.

年 해 년

年

해 **년**

8급 | 부수 干 | 총 6획

'해'를 뜻합니다. '한 해'는 1년과 같은 뜻으로, 열두 달을 말합니다.

※ '年(년)'이 단어의 첫머리에 올 때는 '연'으로 읽습니다.

 순서에 맞게 한자를 써 봅시다.

ノ ╱ ┮ ╘ ┾ 年

年	年	年	年
해 년	해 년	해 년	해 년
해 년	해 년	해 년	해 년
해 년	해 년	해 년	해 년

오늘 배운 한자가 쓰인 단어의 뜻을 알아보고, 예문을 읽어 봅시다.

국어 **소 年**
少 적을 소

> 뜻 어린 사내아이.
> 예문 나는 양치기 **소년** 이야기를 좋아합니다.

봄 **학 年**
學 배울 학

> 뜻 1년씩 나눈 학교 교육의 단계.
> 예문 우리들은 1**학년**입니다.

여름 **年 세**
歲 해 세

> 뜻 나이의 높임말.
> 예문 우리 할아버지는 **연세**가 일흔이십니다.

급수 시험
유형 문제

정답 확인

1 다음 훈(뜻)에 알맞은 한자를 〈보기〉에서 찾아 그 번호를 쓰세요.

〈보기〉   ① 年   ② 少   ③ 先

해

2 다음 음(소리)에 알맞은 한자를 〈보기〉에서 찾아 그 번호를 쓰세요.

〈보기〉   ① 少   ② 民   ③ 年

년

3 다음 한자의 훈(뜻)과 음(소리)을 쓰세요.

年

정답 쓰기

1

2

3

훈 ----------

음 ----------

[복습 한자] 先 먼저 선
民 백성 민

양치기 소년이 나가신다

少 年

🐾 '해'를 뜻하는 한자가 적힌 양의 번호를 모두 써 봅시다.

年 년   年 니엔   年 넨

공부한 날

月　日

오늘 배울 한자를 만나 봅시다.

韓 **나라**를 뜻하고
한이라고 읽어요.

韓 나라 한

韓

나라 **한**

| 8급 | 부수 韋 | 총 17획 |

{ '나라'를 뜻합니다. 우리나라 대한민국인 '한국'을 뜻하기도 합니다. }

🐼 순서에 맞게 한자를 써 봅시다.

一 十 十 古 古 古 直 卓 卓 卓 卓 幹 幹 韓 韓 韓 韓

韓	韓	韓	韓
나라 한	나라 한	나라 한	나라 한
나라 한	나라 한	나라 한	나라 한
나라 한	나라 한	나라 한	나라 한

오늘 배운 한자가 쓰인 단어의 뜻을 알아보고, 예문을 읽어 봅시다.

여름 **韓 국**
國 나라 국

뜻 대한민국. 우리나라.
예문 **한국**의 여름은 덥고 비가 많이 내립니다.

국어 **韓 복**
服 옷 복

뜻 우리나라에서 옛날부터 입었던 옷.
예문 나는 **한복** 저고리와 치마를 입었습니다.

국어 **韓 식**
食 밥 식

뜻 우리나라에서 옛날부터 먹어 온 음식.
예문 일요일에 아버지께서 **한식** 요리를 해 주셨습니다.

 급수 시험 유형 문제

정답 확인

1 다음 글의 ( ) 안에 있는 한자의 독음(읽는 소리)을 쓰세요.

(韓)국과 중국, 일본은 서로 이웃 나라입니다.

2 다음 훈(뜻)에 알맞은 한자를 〈보기〉에서 찾아 그 번호를 쓰세요.

〈보기〉   ① 萬   ② 服   ③ 韓

나라

3 다음 한자의 훈(뜻)과 음(소리)을 쓰세요.

韓

정답 쓰기

1

2

3

훈 --------------

음 --------------

[복습 한자] 萬 일만 만

외국인이 사랑하는 한식

韓 食

비빔밥

우리나라를 대표하는 음식으로, 다양한 재료가 함께 어우러져 외국인들의 눈까지 즐겁게 해 줍니다.

불고기

'코리안 바비큐'라 불리는 불고기는 달달한 양념 맛으로, 외국인들의 사랑을 받고 있습니다.

삼겹살

외국인이 가장 먹어 보고 싶어 하는 한식 중 하나로, 함께 먹는 쌈장과 채소 쌈도 인기가 있습니다.

떡볶이

길거리에서 쉽게 맛볼 수 있는 간식으로, 외국인의 입맛에 맞춘 떡볶이도 있습니다.

 韓 한

 韩 한

 韓 칸

어제의 한자

韓

훈　　음

오늘 배울 한자를 만나 봅시다.

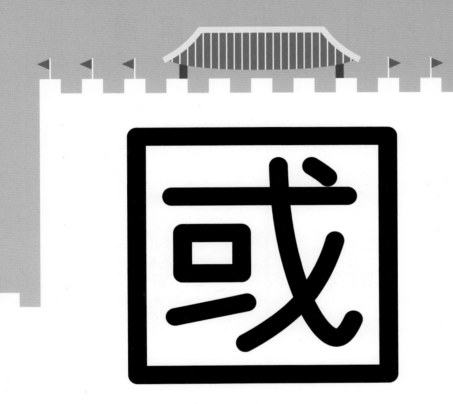

國 **나라**를 뜻하고

국이라고 읽어요.

國 나라 국

國

나라 국

| 8급 | 부수 口 | 총 11획 |

'나라'를 뜻합니다. '나라'는 우리가 살고 있는 국가를 말합니다.

 순서에 맞게 한자를 써 봅시다.

| 丨 | 冂 | 冂 | 冃 | 囯 | 囿 | 或 | 或 | 國 | 國 | 國 |

나라 국	나라 국	나라 국	나라 국
나라 국	나라 국	나라 국	나라 국
나라 국	나라 국	나라 국	나라 국

오늘 배운 한자가 쓰인 단어의 뜻을 알아보고, 예문을 읽어 봅시다.

국어

語 말씀 어

뜻 (1) 한 나라에서 사용하는 말. (2) 우리나라의 말.

예문 바른 자세로 앉아 **국어** 교과서를 읽어 봅시다.

봄

旗 기 기

뜻 한 나라를 나타내는 깃발.

예문 운동장에 우리나라 **국기**인 태극기가 펄럭이고 있습니다.

봄

愛 사랑 애   歌 노래 가

뜻 우리나라의 국가.

예문 나는 **애국가**를 4절까지 부를 수 있습니다.

급수 시험
유형 문제

정답 확인

1 다음 글의 ( ) 안에 있는 한자의 독음(읽는 소리)을 쓰세요.

국가대표 선수들은 애(**國**)가를 따라 불렀습니다.

2 다음 한자의 훈(뜻)과 음(소리)을 쓰세요.

國

3 다음 한자의 훈(뜻)을 〈보기〉에서 찾아 그 번호를 쓰세요.

〈보기〉   ① 한국   ② 나라   ③ 중국

國

정답 쓰기

1.

2

훈 ----------

음 ----------

3

국기와 나라 이름을 연결해요

🐾 국기에 알맞은 나라 이름을 찾아 연결해 봅시다.

① ② ③ ④ ⑤

ㄱ 한국

ㄴ 캐나다

ㄷ 프랑스

ㄹ 미국

ㅁ 인도

 國 국

 国 구어

 国 코쿠

9주 5일

공부한날

月　日

오늘 배울 한자를 만나 봅시다.

어제의 한자

國

훈　　음

_____ _____

軍 **군사**를 뜻하고

군이라고 읽어요.

軍 군사 군

軍 군사 군

| 8급 | 부수 車 | 총 9획 |

'군사'를 뜻합니다. '군사'는 예전에 군인이나 군대를 이르던 말입니다.

🐼 순서에 맞게 한자를 써 봅시다.

` 冖 冖 冖 写 宣 宣 宣 軍

軍	軍	軍	軍
군사 군	군사 군	군사 군	군사 군
군사 군	군사 군	군사 군	군사 군
군사 군	군사 군	군사 군	군사 군

오늘 배운 한자가 쓰인 단어의 뜻을 알아보고, 예문을 읽어 봅시다.

여름 軍 인
人 사람 인

뜻 군대에서 일하는 사람.
예문 우리 삼촌은 씩씩한 **군인**입니다.

여름 軍 대
隊 무리 대

뜻 군인의 무리.
예문 사촌 형은 어제 **군대**에 입대했습니다.

봄 장 軍
將 장수 장

뜻 군대에서 가장 높은 사람.
예문 내 짝꿍은 이순신 **장군**을 제일 좋아합니다.

급수 시험 유형 문제

정답 확인

1 다음 한자의 훈(뜻)과 음(소리)을 쓰세요.

軍

2 다음 한자의 음(소리)을 <보기>에서 찾아 그 번호를 쓰세요.

<보기> ① 거   ② 차   ③ 군

軍

3 다음 한자의 진하게 표시한 획은 몇 번째 쓰는지 <보기>에서 찾아 그 번호를 쓰세요.

軍

<보기> ① 여섯 번째   ② 일곱 번째
③ 여덟 번째   ④ 아홉 번째

정답 쓰기

1

훈 ----------------

음 ----------------

2

3

이순신 장군과 거북선

將 軍

이순신 장군은 많은 사람이 존경하는 위인입니다. 이순신 장군은 어릴 적 가난하여 어렵게 자랐지만, 매우 똑똑하고 활쏘기와 말타기에도 뛰어났습니다. 이순신 장군은 일본이 일으킨 전쟁(임진왜란)에서 땅의 모양과 바닷물의 흐름, 날씨 등을 활용하여 전투를 지휘하였습니다. 나라를 걱정하는 마음과 지혜로운 방법 덕분에 전쟁에서 승리할 수 있었고, 그 승리는 우리나라의 군인과 백성들에게 희망과 감동을 주었습니다.

저에게는 아직 12척의 배가 남아 있습니다.

거북선은 이순신 장군이 전투를 위해 발명한 배입니다. 배의 머리 쪽은 용머리의 모양으로 만들고, 배 위에는 뾰족한 송곳을 촘촘히 박아 적들이 배 위로 올라올 수 없게 만들었습니다. 또한, 배 옆쪽에 총구멍을 만들어서 배 안에서도 적을 공격할 수 있게 했습니다.

발음 듣기

🇰🇷 軍 군

🇨🇳 军 쥔

🇯🇵 軍 군

어제의 한자

軍

훈   음

_____

오늘 배울 한자를 만나 봅시다.

책을 읽으며
새로운 것을 배워요.

學 배우다를 뜻하고

학 이라고 읽어요.

學 배울 학

學

배울 학

| 8급 | 부수 子 | 총 16획 |

아이들이 공부하는 모습을 나타낸 글자로, '배우다'는 뜻입니다.

 순서에 맞게 한자를 써 봅시다.

` ´ ſ ʄ ʄ ʄ ʄ ʄ ʄ ʄ ʄ ʄ ᨏ 與 與 學 學

배울 학	배울 학	배울 학	배울 학
배울 학	배울 학	배울 학	배울 학
배울 학	배울 학	배울 학	배울 학

오늘 배운 한자가 쓰인 단어의 뜻을 알아보고, 예문을 읽어 봅시다.

수학  學 생
生 날 생

> 뜻 학교에 다니면서 배우는 사람.
> 예문 우리 반 **학생**은 모두 26명입니다.

봄 입 學
入 들 입

> 뜻 교육을 받기 위해 학교에 들어감.
> 예문 내일은 기다리던 초등학교 **입학**식입니다.

안전  學 습
習 익힐 습

> 뜻 배워서 익힘.
> 예문 안전 체험 **학습**을 위해 소방서에 다녀왔습니다.

급수 시험 유형 문제

정답 확인

1 다음 글의 ( ) 안에 있는 한자의 독음(읽는 소리)을 쓰세요.

　　오늘은 (學)습 태도가 좋다고 선생님께 칭찬받았습니다.

2 다음 밑줄 친 말에 해당하는 한자를 〈보기〉에서 찾아 그 번호를 쓰세요.

〈보기〉　　① 國　　　② 軍　　　③ 學

　　지난달부터 수영을 <u>배우기</u> 시작했습니다.

3 다음 한자의 훈(뜻)과 음(소리)을 쓰세요.

學

정답 쓰기

1

2

3

훈 ------------

음 ------------

[복습 한자] 國 나라 국
軍 군사 군

그림 속 옛날 학생의 모습

  學 生

▲ 김홍도, 〈서당〉

조선 시대 화가 김홍도가 그린 〈서당〉이라는 작품입니다. 서당은 지금의 초등학교와 같은 곳으로, 학생들은 지금의 선생님이신 훈장님께 공부와 예절을 배웠습니다.

Q1 그림 속 학생들은 모두 같은 학년인가요?

서당은 학년이나 졸업이 정해져 있지 않았습니다. 보통 7~16세의 아이들이 다녔고, 학생들의 나이는 서로 달랐습니다. 한 권의 책을 다 배우면, 다른 책을 배우기 시작하여 학생마다 공부하는 책도 모두 달랐습니다.

Q2 그림 속 학생은 왜 울고 있나요?

서당에서는 전날 배웠던 내용을 시험 보고 통과하지 못한 학생들은 회초리로 종아리를 맞았습니다. 혹시 훈장님의 회초리가 무서워서 눈물을 흘리는 것은 아닐까요?

 學 학   學 쉬에   学 가쿠

오늘 배울 한자를 만나 봅시다.

校 **학교**를 뜻하고

교라고 읽어요.

校 학교 교

校 학교 교

8급 | 부수 木 | 총 10획

뜻을 나타내는 '木(나무 목)'과 음을 나타내는 '交(사귈 교)'를 합해 만든 글자로, '학교'를 뜻합니다.

순서에 맞게 한자를 써 봅시다.

一 十 才 木 村 杧 杧 杧 校 校

학교 교	학교 교	학교 교	학교 교
학교 교	학교 교	학교 교	학교 교
학교 교	학교 교	학교 교	학교 교

오늘 배운 한자가 쓰인 단어의 뜻을 알아보고, 예문을 읽어 봅시다.

국어

學 배울 학

뜻 학생들이 배우는 곳.

예문 **학교**에서 공 굴리기 놀이를 했습니다.

국어

門 문 문

뜻 학교의 문.

예문 **교문** 앞에서 선생님을 만나 인사를 드렸습니다.

안전

內 안 내

뜻 학교 안.

예문 **교내**에서 지켜야 할 안전한 행동을 연습했습니다.

 급수 시험 유형 문제

정답 확인

1 다음 훈(뜻)에 알맞은 한자를 〈보기〉에서 찾아 그 번호를 쓰세요.

〈보기〉　　① 校　　　　② 韓　　　　③ 學

학교

2 다음 한자의 훈(뜻)과 음(소리)을 쓰세요.

校

3 다음 한자의 진하게 표시한 획은 몇 번째 쓰는지 〈보기〉에서 찾아 그 번호를 쓰세요.

校

〈보기〉　① 일곱 번째　② 여덟 번째
　　　　③ 아홉 번째　④ 열 번째

정답 쓰기

1

2

훈 ----------

음 ----------

3

[복습 한자] 韓 나라 한

학교에서 꼭 지켜요

學 校

복도나 계단에서는 뛰어다니거나 장난을 치면 다칠 수 있으니 조심합니다.

운동장이나 학교 주변에 쓰레기가 있으면, 주워서 쓰레기통에 버립니다.

복도에서 선생님과 마주치면 공손하게 인사합니다. 친구들과도 인사를 잘하고, 모두 함께 사이좋게 지냅니다.

수업 시간에는 다른 친구들에게 방해되지 않게 큰 소리로 떠들거나 장난치지 않습니다.

한중일 한자

발음 듣기

校 교

校 씨아오

校 코-

오늘 배울 한자를 만나 봅시다.

門　문을 뜻하고
　　문이라고 읽어요.

門 문 문

門

문 문

8급 | **부수 門** | **총 8획**

두 개의 문짝이 달려 있는 대문의 모양을 따라 만든 글자로, 사람이 드나들 수 있는 '문'을 뜻합니다.

순서에 맞게 한자를 써 봅시다.

丨 丨 丨 丨 丨 門 門 門

門	門	門	門
문 문	문 문	문 문	문 문
문 문	문 문	문 문	문 문
문 문	문 문	문 문	문 문

오늘 배운 한자가 쓰인 단어의 뜻을 알아보고, 예문을 읽어 봅시다.

안전 **창門**
窓 창 창

뜻 벽이나 지붕에 만든 문.
예문 지진이 나면 **창문**이 깨져 다칠 수 있으니 조심해야 합니다.

봄 **정門**
正 바를 정

뜻 건물의 앞쪽에 있는 문.
예문 우주는 집에서 학교 **정문**까지 걸어갔습니다.

안전 **회 전 門**
回 돌아올 회 轉 구를 전

뜻 문을 돌려서 드나들 수 있게 만든 문.
예문 **회전문**을 이용할 때는 손, 발, 옷 등이 끼지 않도록 주의합니다.

 급수 시험 유형 문제

정답 확인

1 다음 밑줄 친 말에 해당하는 한자를 〈보기〉에서 찾아 그 번호를 쓰세요.

〈보기〉	① 民	② 門	③ 外

집을 비울 때는 <u>문</u>을 꼭 잠가야 합니다.

2 다음 한자의 훈(뜻)과 음(소리)을 쓰세요.

門

3 다음 한자의 음(소리)을 〈보기〉에서 찾아 그 번호를 쓰세요.

〈보기〉	① 교	② 창	③ 문

門

정답 쓰기

1

2

훈 _____

음 _____

3

[복습 한자] 民 백성 민
外 바깥 외

한자 '門'을 찾아요

(문)

🐾 '문'을 뜻하는 한자를 찾아 색칠하고, 숨겨진 한자를 써 봅시다.

門	門	門	門	校	軍	門	門	門	門
門	學	國	門	學	國	門	校	軍	門
門	門	門	門	學	軍	門	門	門	門
門	國	學	門	學	國	門	軍	校	門
門	門	門	門	國	軍	門	門	門	門
門	國	校	軍	校	學	校	學	校	門
門	校	國	軍	國	校	軍	學	軍	門
門	校	學	國	國	學	國	學	軍	門
門	學	校	學	學	國	校	學	軍	門
門	軍	國	校	國	軍	校	學	門	門

오늘 배울 한자를 만나 봅시다.

教 **가르치다**를 뜻하고

교라고 읽어요.

教 가르칠
교

教 가르칠 교

8급 | 부수 攵 | 총 11획

선생님이 가르치는 모습을 나타낸 글자로, '가르치다'는 뜻입니다.

🐼 **순서에 맞게 한자를 써 봅시다.**

ノ ㄨ ㄨ ㅡ 孝 孝 孝 孝 孝 教 教

가르칠 교	가르칠 교	가르칠 교	가르칠 교
가르칠 교	가르칠 교	가르칠 교	가르칠 교
가르칠 교	가르칠 교	가르칠 교	가르칠 교

오늘 배운 한자가 쓰인 단어의 뜻을 알아보고, 예문을 읽어 봅시다.

室 집 실

> 뜻 선생님이 학생을 가르치는 곳.
> 예문 친구들과 색종이를 오려 **교실**을 예쁘게 꾸몄습니다.

師 스승 사

> 뜻 학교에서 가르치는 일을 하는 사람.
> 예문 우리 엄마는 초등학교 **교사**입니다.

敎 과 서

科 과목 과 書 글 서

> 뜻 학교 수업 시간에 사용하는 책.
> 예문 책상에 앉아 **교과서**를 읽어 보았습니다.

급수 시험 유형 문제

정답 확인

1 다음 글의 ( ) 안에 있는 한자의 독음(읽는 소리)을 쓰세요.

1학년 (敎)실은 2층에 있습니다.

2 다음 한자의 훈(뜻)과 음(소리)을 쓰세요.

敎

3 다음 한자의 훈(뜻)을 〈보기〉에서 찾아 그 번호를 쓰세요.

〈보기〉	① 배울	② 학교	③ 가르칠

敎

정답 쓰기

1

2

훈 _____

음 _____

3

교실에 숨겨진 물건을 찾아요

敎 室

숨은 그림: 왕관, 아이스크림, 물고기, 코끼리, 촛불

발음 듣기

🇰🇷 敎 교   🇨🇳 敎 찌아오   🇯🇵 敎 쿄-

오늘 배울 한자를 만나 봅시다.

우리 집에는 여러 개의 방이 있어요.

室 집을 뜻하고
실이라고 읽어요.

室 집실

室

집 실

8급 | **부수 宀** | **총 9획**

사람이 사는 '집'을 뜻합니다.

 순서에 맞게 한자를 써 봅시다.

`丶丶宀宀宁宁宝宝室`

室	室	室	室
집 실	집 실	집 실	집 실
집 실	집 실	집 실	집 실
집 실	집 실	집 실	집 실

오늘 배운 한자가 쓰인 단어의 뜻을 알아보고, 예문을 읽어 봅시다.

여름 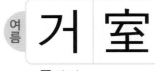 거室
居 살 거

뜻 집에서 가족이 함께 생활하는 곳.
예문 엄마와 **거실**에 앉아 사진첩을 보며 이야기했습니다.

안전 室외
外 바깥 외

뜻 방이나 건물의 밖.
예문 **실외**에서 필요한 안전한 행동을 연습해 봅시다.

봄  화장室
化 될 화   粧 단장할 장

뜻 소변, 대변을 보는 곳.
예문 **화장실**을 사용하면 물을 꼭 내려야 합니다.

급수 시험 유형 문제

정답 확인

1 다음 훈(뜻)에 알맞은 한자를 〈보기〉에서 찾아 그 번호를 쓰세요.

〈보기〉   ① 弟   ② 室   ③ 萬

집

2 다음 한자의 음(소리)을 〈보기〉에서 찾아 그 번호를 쓰세요.

〈보기〉   ① 실   ② 집   ③ 가

室

3 다음 한자의 진하게 표시한 획은 몇 번째 쓰는지 〈보기〉에서 찾아 그 번호를 쓰세요.

 室

〈보기〉   ① 다섯 번째   ② 여섯 번째
          ③ 일곱 번째   ④ 여덟 번째

정답 쓰기

1
2
3

[복습 한자] 弟 아우 제
萬 일만 만

우리 집에 있는 여러 가지 '室'
실

🐾 우리 집에서 '室'이 들어가는 공간의 이름을 찾아 ○표를 해 봅시다.

화장실
샤워를 하거나,
똥오줌을 누는
공간입니다.

주방
음식을 만들고,
밥을 먹는
공간입니다.

공부방
책을 읽고,
공부하는
공간입니다.

침실
잠을 자는
공간입니다.

거실
가족이 함께 모여
이야기를 나누는
공간입니다.

현관

발음 듣기

室 실

室 스

室 시츠

8級	50문항	50분 시험	시험 일자: 20◯◯. ◯◯. ◯◯.
			* 성명과 수험 번호를 쓰고 문제지와 답안지는 함께 제출하세요.
	성명 _____	수험 번호	☐☐☐-☐☐-☐☐☐☐

[문제 1-10] 다음 글의 ( ) 안에 있는 漢字한자의 讀音(독음: 읽는 소리)을 쓰세요.

〈보기〉
(音) ⇒ 음

[1] 우리나라 (國)

[2] (軍)의 날은

[3] (十)

[4] (月)

[5] (一)

[6] (日)입니다.

[7] (父)

[8] (母)님과

[9] (兄)은

[10] 모두 군(人)입니다.

[문제 11-20] 다음 밑줄 친 말에 해당하는 漢字한자를 〈보기〉에서 찾아 그 번호를 쓰세요.

〈보기〉
① 七 ② 學 ③ 年 ④ 火 ⑤ 水
⑥ 先 ⑦ 王 ⑧ 木 ⑨ 西 ⑩ 民

[11] 마을에 불이 났습니다.

〈계속〉

[12] 꽃에 <u>물</u>을 주었습니다.

[13] 새들이 <u>서</u>쪽 하늘로 날아갔습니다.

[14] 이곳은 <u>임금</u>님이 살던 곳입니다.

[15] <u>백성</u>은 나라의 근본입니다.

[16] 제가 제일 <u>먼저</u> 왔습니다.

[17] <u>나무</u>를 심어야 합니다.

[18] <u>올해</u> 여름은 더웠습니다.

[19] 스스로 익히고 <u>배웁</u>니다.

[20] 서양에서 <u>칠</u>은 행운의 숫자입니다.

[문제 21-30] 다음 훈(訓: 뜻)이나 음(音: 소리)에 알맞은 漢字한자를 〈보기〉에서 찾아 그 번호를 쓰세요.

〈 보기 〉
① 女　② 生　③ 長　④ 大　⑤ 八
⑥ 中　⑦ 小　⑧ 東　⑨ 弟　⑩ 土

[21] 녀

[22] 흙

[23] 생

[24] 동

[25] 작다

[26] 여덟

[27] 크다

2

〈계속〉

[28] 길다

[29] 아우

[30] 가운데

[문제 31-40] 다음 漢字한자의 훈(訓: 뜻)과 음(音: 소리)을 쓰세요.

———〈 보기 〉———
音 ⇒ 소리 음

[31] 靑

[32] 敎

[33] 九

[34] 萬

[35] 山

[36] 北

[37] 三

[38] 四

[39] 白

[40] 寸

[문제 41-44] 다음 漢字한자의 훈(訓: 뜻)을 〈보기〉에서 찾아 그 번호를 쓰세요.

———〈 보기 〉———
① 문   ② 학교   ③ 둘   ④ 바깥

[41] 外

3

〈계속〉

[42] 校

[43] 門

[44] 二

[문제 45-48] 다음 漢字한자의 음(音: 소리)을 〈보기〉에서 찾아 그 번호를 쓰세요.

〈보기〉
① 금 ② 한 ③ 실 ④ 륙

[45] 室

[46] 韓

[47] 金

[48] 六

[문제 49-50] 다음 漢字한자의 진하게 표시한 획은 몇 번째 쓰는지 〈보기〉에서 찾아 그 번호를 쓰세요.

〈보기〉
① 첫 번째   ② 두 번째
③ 세 번째   ④ 네 번째
⑤ 다섯 번째   ⑥ 여섯 번째
⑦ 일곱 번째   ⑧ 여덟 번째
⑨ 아홉 번째   ⑩ 열 번째

[49]

[50]

♣ 수고하셨습니다.

〈끝〉

[문제 1-10] 다음 글의 (　　) 안에 있는 漢字한자**의 讀音**(독음: 읽는 소리)**을 쓰세요.**

⟨ 보기 ⟩
(音) ⇒ 음

[1] (南)한 사람과

[2] (北)한 사람은

[3] (韓)민족이며,

[4] 하나의 (兄)

[5] (弟)입니다.

[6] 이번 주 (金)

[7] 요 (日)은

[8] 막내 (三)

[9] (寸)의

[10] (生)일입니다.

[문제 11-20] 다음 밑줄 친 말에 해당하는 漢字한자**를 ⟨보기⟩에서 찾아 그 번호를 쓰세요.**

⟨ 보기 ⟩
① 山　② 靑　③ 東　④ 中　⑤ 校
⑥ 敎　⑦ 土　⑧ 小　⑨ 二　⑩ 木

[11] 주말마다 산에 갑니다.

⟨계속⟩

[12] 나무 그늘 아래 앉았습니다.

[13] 푸른 하늘이 아름답습니다.

[14] 흙에서 새싹이 올라왔습니다.

[15] 동녘에서 해가 떠오릅니다.

[16] 작은 인형을 선물했습니다.

[17] 가운데 자리에 앉았습니다.

[18] 매일 학교에 갑니다.

[19] 선생님이 천자문을 가르쳐 주셨습니다.

[20] 시험을 두 번 봤습니다.

[문제 21-30] 다음 훈(訓: 뜻)이나 음(音: 소리)에 알맞은 漢字한자를 〈보기〉에서 찾아 그 번호를 쓰세요.

〈보기〉				
① 父	② 母	③ 九	④ 月	⑤ 一
⑥ 外	⑦ 火	⑧ 門	⑨ 王	⑩ 民

[21] 불

[22] 달

[23] 문

[24] 민

[25] 일

[26] 바깥

[27] 임금

〈계속〉

[28] 아홉

[29] 아버지

[30] 어머니

[문제 31-40] 다음 漢字한자의 훈(訓: 뜻)과 음(음: 소리)을 쓰세요.

> ───〈 보기 〉───
> 音 ⇒ 소리 음

[31] 室

[32] 五

[33] 西

[34] 國

[35] 八

[36] 人

[37] 先

[38] 學

[39] 七

[40] 大

[문제 41-44] 다음 漢字한자의 훈(訓: 뜻)을 〈보기〉에서 찾아 그 번호를 쓰세요.

> ───〈 보기 〉───
> ① 군사   ② 여자   ③ 희다   ④ 여섯

[41] 六

〈계속〉

[42] 白

[43] 軍

[44] 女

[문제 45-48] 다음 漢字한자의 음(音: 소리)을 〈보기〉에서 찾아 그 번호를 쓰세요.

〈 보기 〉
① 만　　② 십　　③ 수　　④ 사

[45] 萬

[46] 水

[47] 四

[48] 十

[문제 49-50] 다음 漢字한자의 진하게 표시한 획은 몇 번째 쓰는지 〈보기〉에서 찾아 그 번호를 쓰세요.

〈 보기 〉
① 첫 번째　　② 두 번째
③ 세 번째　　④ 네 번째
⑤ 다섯 번째　　⑥ 여섯 번째
⑦ 일곱 번째　　⑧ 여덟 번째
⑨ 아홉 번째　　⑩ 열 번째

[49] 年

[50] 長

♣ 수고하셨습니다.

〈끝〉

| 수험번호 | □□□-□□-□□□□ | 성명 | □□□□□ |

| 생년월일 | □□□□□□ | ※ 유성 사인펜, 붉은색 필기구 사용 불가. |

※ 답안지는 컴퓨터로 처리되므로 구기거나 더럽히지 마시고, 정답 칸 안에만 쓰십시오. 글씨가 채점란으로 들어오면 오답 처리가 됩니다.

제1회 한자능력검정시험 8급 답안지(1)

답안란		채점란		답안란		채점란	
번호	정답	1검	2검	번호	정답	1검	2검
1				13			
2				14			
3				15			
4				16			
5				17			
6				18			
7				19			
8				20			
9				21			
10				22			
11				23			
12				24			

감독위원	채점위원(1)		채점위원(2)		채점위원(3)	
(서명)	(득점)	(서명)	(득점)	(서명)	(득점)	(서명)

※ 뒷면으로 이어짐

※ 본 답안지는 컴퓨터로 처리되므로 구겨지거나 더럽혀지지 않도록 조심하시고 글씨를 칸 안에 또박또박 쓰십시오.

제1회 한자능력검정시험 8급 답안지(2)

번호	정답	1검	2검	번호	정답	1검	2검
25				38			
26				39			
27				40			
28				41			
29				42			
30				43			
31				44			
32				45			
33				46			
34				47			
35				48			
36				49			
37				50			

(답안란 / 채점란)

| 수험번호 | □□□ - □□ - □□□□ | | 성명 | □□□□□ |

| 생년월일 | □□□□□□ | ※ 유성 사인펜, 붉은색 필기구 사용 불가. |

※ 답안지는 컴퓨터로 처리되므로 구기거나 더럽히지 마시고, 정답 칸 안에만 쓰십시오. 글씨가 채점란으로 들어오면 오답 처리가 됩니다.

제2회 한자능력검정시험 8급 답안지(1)

답안란		채점란		답안란		채점란	
번호	정답	1검	2검	번호	정답	1검	2검
1				13			
2				14			
3				15			
4				16			
5				17			
6				18			
7				19			
8				20			
9				21			
10				22			
11				23			
12				24			

감독위원	채점위원(1)		채점위원(2)		채점위원(3)	
(서명)	(득점)	(서명)	(득점)	(서명)	(득점)	(서명)

※ 뒷면으로 이어짐

※ 본 답안지는 컴퓨터로 처리되므로 구겨지거나 더럽혀지지 않도록 조심하시고 글씨를 칸 안에 또박또박 쓰십시오.

제2회 한자능력검정시험 8급 답안지(2)

번호	정답	1검	2검	번호	정답	1검	2검
	답안란	채점란			답안란	채점란	
25				38			
26				39			
27				40			
28				41			
29				42			
30				43			
31				44			
32				45			
33				46			
34				47			
35				48			
36				49			
37				50			

※ 본 답안지는 컴퓨터로 처리되므로 구겨지거나 더럽혀지지 않도록 조심하시고 글씨를 칸 안에 또박또박 쓰십시오.